NOUVELLE MÉTHODE

POUR APPRENDRE

FACILEMENT
ET EN PEU DE TEMPS
LA LANGUE ITALIENNE.

TROISIE'ME EDITION,

Reveuë & corrigée de nouveau.

A PARIS,

Chez DENYS THIERRY, ruë saint Jacques, à la Ville de Paris.

___

M. DC. LXXX.

AVEC PRIVILEGE DU ROY.

PREFACE,

Où il est parlé de la décadence de la Langue Latine, & de la naissance de l'Italienne,

Avec quelques Avis generaux pour bien montrer & bien apprendre cette Langue.

I. De l'excellence de la Langue Italienne : & qu'on la doit considerer, & comme morte, & comme vivante.

ON CHER LECTEUR. Aprés les Nouvelles Methodes pour les Langues Grecque & Latine, qui ont esté imprimées il y a quelques années ; j'ay cru ne pouvoir rien donner au Public qui fust plus propre pour les accompagner, que celle que je vous presente aujourd'huy, pour la parfaite connoissance de la Langue Italienne.

Cette Langue a cet avantage, qu'elle est celle de la premiere Ville du monde, comme la Latine, dont elle vient, l'estoit autrefois. Et quoy que la puissance temporelle des Romains soit aujourd'huy beaucoup moindre qu'elle n'a esté dans le Paganisme : on peut dire neanmoins que leur Langue a tant de charmes, qu'elle s'est presque fait recevoir en autant de provinces que la Latine. L'on parle Italien dans la Grece, dans les Isles du Levant, & à la Porte du Grand Seigneur; à la Cour de l'Empereur, & à celle du Roy de Pologne, & de la pluspart des Princes d'Allemagne. Et tous ces peuples trouvent cette Langue beaucoup plus belle & plus avantageuse pour se bien expliquer, que leurs Langues naturelles.

La France mesme, quoy que maintenant si amoureuse de sa Langue, & avec raison, ne laisse pas d'avoir une estime particuliere de l'Italienne ; & mesme jusqu'à quelques excés : puisque c'est aujourd'huy en quelque façon un plus grand reproche à une personne de la Cour de ne pas sçavoir l'Italien, que de ne sçavoir ny le Grec ny le Latin.

Cette Langue a cela de particulier, qu'au lieu que les autres Langues sont ou mortes ou vivantes, celle cy doit estre considerée toute ensemble & comme morte, & comme vivante : ce qui en rend l'exacte connoissance un peu plus difficile. Pour bien entendre cecy, il ne sera pas inutile de reprendre ce discours de plus haut, en faisant voir quelle a esté l'origine de la Langue Italienne, & qu'elle est née de la décadence de la Latine.

I I. *De la décadence de la Langue Latine.*

Comme il n'y a rien qui dépende de plus de testes & de plus de differens esprits que les Langues : aussi il n'y a rien qui soit sujet à plus de changemens dans les temps.

C'est ce qui est arrivé à la Latine plus qu'à aucune autre, parce que les Romains ayant subjugé une infinité de Provinces tres-éloignées, il estoit impossible d'empescher que le mélange de Nations si diverses n'alterast leur langue, par le commerce qu'ils estoient obligez d'avoir dans la Capitale de l'Empire.

Ciceron s'en plaignoit luy mesme de son temps, comme il le marque en plusieurs endroits de ses Ouvrages, & entre autres dans son Livre des illustres Orateurs ; où il fait dire à Attique : *Confluxerunt enim & Athenas & in hanc urbem multi inquinatè loquentes ex diversis locis ; quo magis expurgandus est*

sermo , & adhibenda tanquam obruſſa ratio , quæ mu-
tari non poteſt , nec utendum praviſſima conſuetudi-
nis regula. Ce qu'il dit en faveur des Livres que Ce-
ſar avoit fait de l'Analogie , qu'il témoignoit eſtimer , & qu'il croyoit devoir ſervir à arreſter ce de-
ſordre. Neanmoins Quintilien ſe plaint que toute
la Langue eſtoit déja changée de ſon temps, c'eſt
à dire , cent ans aprés Ciceron : *Quid multis ? Totus*
penè mutatus eſt ſermo. Et Tertullien dans ſon Apolo-
gie qu'il preſenta à l'Empereur Severe au commencement du troiſiéme ſiecle , reproche aux Romains qu'ils ne tenoient plus rien de leurs anceſtres;
non pas meſme dans le langage. *Ipſo denique ſermone,*
dit-il , *proavis renunciaſtis.*

La pureté Latine qui s'alteroit ainſi dans Rome
de jour en jour , reſſentit encore un plus grand
affoibliſſement dans le quatriéme ſiecle , par le
changement du ſiege de l'Empire à Conſtantino-
ple. Mais elle receut enfin ſon dernier coup par les
courſes & les invaſions des Gots & des autres peuples du Septentrion , & ſur tout des Lombards , qui
s'eſtant rendus maiſtres d'une grande partie de l'I-
talie , contribuerent plus que les autres à corrom-
pre le langage.

La Langue Latine ainſi alterée , ſubſiſta neanmoins
en quelque ſorte juſques au temps de S. Bernard &
de l'Empereur Frederic Barberouſſe : c'eſt à dire,
juſqu'au milieu du douziéme ſiecle , où elle s'enten-
doit & ſe parloit encore aſſez communément , quoy
qu'avec beaucoup d'impureté & de mélange. Mais
aprés cela , elle ſe perdit entierement , pour ce qui
eſt de l'uſage du peuple , & ne ſe conſerva que dans
le Clergé , & dans les actes publics de judicature, où
elle a ſubſiſté , dans la France meſme , juſques à
François premier. Mais ce Prince en abolit meſme
ce dernier uſage en ce Royaume , ayant cru qu'il
eſtoit de la majeſté de ſon Eſtat, de faire entendre

ã iij

Quin-
til. lib.
8. c. 3.

Tertul.
Apolog.
c. 6.

fa Langue dans tous fes Parlemens, & que c'eſtoit
l'unique moyen de la rendre parfaite, comme nous
voyons qu'il eſt arrivé depuis.

III. De la naiſſance de la Langue Italienne, & des principaux Auteurs à qui elle doit ſon origine.

Les Italiens commencerent plûtoſt à cultiver la
leur : c'eſt à dire, celle qui eſtoit née du mélange &
de la confuſion de tous les peuples qui avoient paſſé
ou demeuré dans leur pays. Car dés le milieu du
treiziéme ſiecle il ſe trouva parmy eux des eſprits
qui eſſayerent à bien écrire en cette Langue, faiſant
choix des mots autant que le temps le leur pouvoit
permettre ; & évitant avec ſoin ce qu'il y avoit de
plus Barbare & de plus groſſier, pour ne ſuivre que
les expreſſions les plus agreables & les plus coulan-
tes. En quoy l'on dit qu'ils imiterent beaucoup de
choſes des Provençaux, qu'on croit avoir commencé
les premiers à bien parler depuis la décadence de l'Empire, & avoir introduit les Vers & les Rimes dans les
Langues vulgaires, ainſi qu'elles ſe pratiquent encore
aujourd'huy dans toutes les Provinces de l'Europe.

Mais ſans m'arreſter à ces premiers Auteurs ; la
Langue Italienne doit principalement ſon origine
au celebre Dante : à Brunetto Latini ſon Maiſtre, duquel eſt deſcendüe la famille noble des Brunetti de
Florence ; & à quelques autres qui les ont ſuivis.

Ce BRUNETTO mourut en 1294. Jean Villani
« dit de luy ; qu'il fut le premier qui commença à dé-
« fricher l'eſprit des Florentins, & à les former, tant
« pour la Langue que pour le gouvernement de leur
« Republique ; & qu'il y fuſt honoré de la ſouveraine
« Dictature.
« DANTE ſon diſciple vécut juſqu'en 1321. Le meſ-
« me Villani aſſure que juſques à luy, il ne s'eſtoit
« trouvé perſonne qui euſt écrit avec plus de nobleſſe

& de majesté, ni en Vers ni en Prose. Il a esté un
des premiers qui a eu la gloire d'entreprendre en
ces derniers siecles de faire des Poëmes Heroïques;
& il y a si heureusement reüssi, qu'il est encore aujourd'huy admiré de tous les sçavans; & qu'il ne s'est
encore trouvé personne, dit le Chevalier Salviati, qui
l'ait pû passer en ce genre, tant il est propre dans
ses mots & dans ses expressions Quoy que le sujet
extraordinaire qu'il avoit choisi de parler de l'Enfer,
du Purgatoire & du Paradis, l'ait souvent obligé de
se servir de mots & de façons de parler un peu singu-
lieres. Mais une des choses des plus estimables dans
ce Poëte, est que son Ouvrage est aussi pur pour les
mœurs que pour le langage.

Jᴇᴀɴ Vɪʟʟᴀɴɪ vivoit en mesme temps que
Dante. Il a écrit l'Histoire de Florence sa patrie depuis le commencement jusques à 1348. avec une
netteté si naturelle, qu'il ne se peut rien voir de plus
pur ni de plus propre pour les mots. Mathieu son
frere la continua depuis, & en suite Philippe son
neveu, qui semblent avoir quelque chose de plus
élegant pour le tour & la phrase, quoy que pour le
choix des mots, ils soiènt beaucoup au dessous de ce
premier.

Pᴇᴛʀᴀʀᴏ̨ᴜᴇ qui a fleury vers le milieu de ce
14. siecle fit paroistre tant de noblesse & de beauté dans ses vers, qu'il a toûjours esté consideré
comme un des principaux Maistres de la Langue.
Et s'il n'a pas esté si exact que Dante dans la proprieté des mots, il l'a passé beaucoup par les expressions relevées & hardies, dont il a enrichy ses
ouvrages.

Bᴏᴄᴀᴄᴇ est aussi venu presque en ce mesme
temps. Il semble avoir surmonté tous les autres, &
s'estre surpassé luy-mesme, dit le Cardinal Bembe,
ayant écrit avec d'autant plus d'élegance & de pureté, qu'il estoit déja plus éloigné de la naissance &

de l'enfance de cette nouvelle Langue. Quoy qu'au jugement de Salviati, fa Profe paroiffe bien plus exacte & plus naturelle que fes Vers.

Il faut neanmoins prendre garde qu'il y a des endroits dans cet Auteur qui font bien voir qu'il a efté moins fcrupuleux à violer les regles de la pureté des mœurs, que nous avons receuës de Dieu mefme ; qu'à choquer celles de la pureté du langage, qui ne font nées que du caprice ou de la volonté des hommes. C'eft pourquoy je ne penfe pas qu'il y ait quelqu'un fi peu éclairé parmy les Chreftiens, que de pretendre qu'on le doive mettre indifferemment entre les mains de tout le monde. Il ne faut, pour faire honte aux plus libres dans ces rencontres, que les renvoyer au jugement d'un fage Payen, qui parlant de ce qu'on peut faire lire à la jeuneffe, dit que " non feulement on doit faire choix des auteurs, " mais mefme de certaines parties de chaque auteur: " parce qu'il y en a qui ont dit des chofes qui ne font " pas affez honneftes.

Quin-til. l. 1. c. 8.

IV. De la décadence & du renouvellement de la Langue Italienne.

Ce 14. fiecle dans lequel ont vefcu les Auteurs dont je viens de parler, a efté fecond en bons Efcrivains; (comme on peut voir par la lifte qui en eft à la tefte du Dictionaire de la Crufca & des Avertiffemens de Salviati) que c'eft celuy que les Italiens appellent leur fiecle de pureté, & qu'ils prennent pour regle & pour modelle de la perfection de leur Langue.

Mais un peu aprés ce temps-là, la Langue Italienne qui fembloit eftre montée à fon comble, commença auffi-toft à déchoir. Le renouvellement des fciences en Occident, & l'amour que l'on conceut pour le Grec & le Latin, dans le 15. fiecle, emporta les efprits, & fut caufe qu'on negligea les

autres Langues. Car la Latine estoit presque de-
meurée ensevelie dans la barbarie jusqu'alors, & il
y avoit plus de 700. ans qu'on n'avoit entendu parler de la Grecque en Italie, quand ces sçavans Grecs
chassez de leur païs furent favorablement receus à
Florence par l'illustre Maison de MEDICIS à qui
l'on doit presque le restablissement des belles lettres
dans l'Europe.

Quelque temps aprés neanmoins les Italiens
commencerent aussi à se réveiller pour leur Langue
naturelle.

POLITIEN fut un des premiers qui se mit à
rappeller cette pureté passée par ses Stances de huit
vers, qu'il composa vers l'an 1480. & que l'on regarde encore aujourd'hy comme une merveille, &
comme les plus belles pieces qu'il ait jamais faites.

SANNASAR écrivit un peu aprés son Arcadie,
avec une delicatesse & une naïveté merveilleuse, soit
pour les Vers, soit pour la Prose; & on la vit paroistre dés l'année 1514.

Environ ce mesme temps BEMBE, qui fut
fait depuis Cardinal par Paul III. en 1539. donna ses
Remarques sur la Langue, qu'il avoit tirées des Auteurs du siecle de pureté, lesquels ayant esté receuës
avec un applaudissement general de toute l'Italie,
plusieurs furent poussez par cet exemple à travailler
sur le mesme sujet.

FORTUNIO écrivit en mesme temps que Bembe sur la Grammaire de cette Langue. Et JACQUES
GABRIEL publia bien tost aprés les reflexions, que
TRYPHON son Oncle (qu'on nommoit *le Socrate
de son temps*) avoit faites à l'exemple de Bembe son
amy.

ALUNNO travailla encore utilement dans le
mesme dessein, comme on voit par les *Observations*
qu'il fit sur Petrarque : par son livre intitulé,
La Fabrique du monde ; où il reduit sous certains

titres toutes les choses de l'Univers , marquant leurs
noms , leurs epithetes , & leurs synonymes : & par
celuy qu'il nomma, *Les richesses de la Langue vulgaire* , qu'il publia en 1543. & qui est le premier Dictionnaire de la Langue Italienne , composé de tous
les mots de Bocace , de Petrarque , & de Dante : Ouvrage de grand travail sans doute , quoy que l'on y
remarque quelques fautes dans l'interpretation de
certains mots.

Aprés ceux-cy sont venus CORSO , ACARISIO,
DOLCÉ , RUSCELLI , PERGAMINI , l'Auteur des AD-
DITIONS à Bembe , le Chevalier LEONARD SAL-
VIATI , BUOM MATTEI , & quantité d'autres , qui
ont utilement écrit de temps en temps sur le mesme
sujet : Cette Langue pouvant se glorifier qu'on a
plus travaillé pour la perfectionner , qu'on n'a fait
pour aucune autre : & pouvant compter jusques à cent
ou six vingt Auteurs qui ont écrit pour la rétablir,
la fixer , & l'embellir.

V. De l'établissement de l'Acamedie de La Crusca.

C'a esté pour entretenir une succession de personnes habiles en cette Langue , que la celebre Academie de LA CRUSCA a esté instituée ; laquelle n'estant
composée que de personnes de merite & d'erudition,
a toûjours esté considerée comme celle qui sert de
regle à toute l'Italie.

Elle fut entée sur une autre qui prenoit le nom
d'Acadamie Florentine , & qui s'estoit formée vers le
commencement du siecle passé entre des particuliers , qui faisoient profession d'aimer les belles
Lettres. Mais elle n'a esté autorisée avec ses statuts
& sous le nom de *La Crusca* , que vers l'an 1580. depuis lequel temps elle a toûjours esté honorée de la
protection des Princes de la Maison de MEDICIS ,
qui n'ont pas moins témoigné de passion pour
l'embellissement de leur Langue , qu'ils en avoient

fait paroiftre autrefois pour le renouvellement de la Grecque & de la Latine.

L'un des premiers travaux de La Crufca fut la revifion du Bocace de 1580. où le Chevalier Salviati, qui avoit eu la meilleure part à cet établiffement, fit auffi paroiftre plus de fuffifance. L'Ouvrage du mefme Salviati intitulé, *Gli Avertimenti*, fuivit bien-toft aprés, & il eft remply de tres curieufes reflexions fur les fondemens & la perfection de la Langue Italienne.

Mais une des plus confiderables entreprifes de cette Academie, a efté le DICTIONNAIRE qui porte fon nom : qui eft un Ouvrage de prés de 40. années, tiré des plus excellens Auteurs du Siecle de pureté, dont j'ay parlé, & qui a fervy de modelle à celuy que l'Academie Françoife a entrepris pour l'affermiffement de noftre Langue ; fuivant le projet d'un des plus anciens & des plus habiles de cette Compagnie, à qui le public fera auffi redevable de la bonté qu'il a euë de revoir ce petit Ouvrage avant qu'on l'ait fait paroiftre.

Une autre chofe que j'eftime encore tres-digne d'eftre remarquée en cette Academie de La Crufca, c'eft qu'elle a eu foin de procurer l'établiffement d'un Profeffeur public, pour enfeigner avec exactitude la Langue vulgaire ; de mefme que les Romains en établirent autrefois pour leur Langue naturelle. Ce Profeffeur eft toûjours choifi parmy les plus habiles de l'Academie. Et les perfonnes de condition & de merite tiennent à honneur de faire cet exercice, ainfi qu'autrefois à Rome, où Quintilien ne fut employé à l'inftruction de la jeuneffe, qu'aprés avoir paru plufieurs années avec éclat dans le Barreau, comme un des premiers hommes de fon temps.

VI. Que l'usage ne laisse pas de faire quelques changemens dans la Langue Italienne.

Mais comme j'ay dit cy-deffus, la Langue Italienne ne doit pas tellement eftre confiderée comme une Langue morte & renfermée dans fes Auteurs, qu'on ne la regarde auffi comme une Langue vivante qui regne dans la ville, où abordent plus de Nations differentes. Et ainfi quelque foin qu'on ait pris de la fixer, elle n'a pas laiffé d'eftre fujette à quelques changemens dans les temps, qui à la verité ont efté moindres que fi on y euft moins travaillé ; mais qui toutefois ne laiffent pas d'eftre fenfibles.

On peut remarquer ces changemens, & dans les mots, puis qu'il y en a une infinité dans le Poëme de Dante, que ceux qui ne fçavent que la Langue vivante n'entendent pas ; & dans l'Analogie, puis que les derniers Auteurs qui en ont traité, ne font pas entierement conformes aux premiers. Mais on les remarque fur tous dans le tour, l'expreffion, la délicateffe & la phrafe : en forte qu'une perfonne qui voudroit écrire aujourd'huy du ftile de Petrarque, que l'on revere tant pour fon antiquité & fa fuffifance, ne feroit prefque pas goufté.

VII. Deffein & difpofition de cet Ouvrage.

J'ay tafché de renfermer dans ce petit livre ce qui regarde l'un & l'autre ufage de cette Langue, afin qu'il pûft eftre utile à toutes fortes de perfonnes. Pour venir à bout de ce deffein j'ay recherché non feulement ce que les Gramairiens des derniers temps, foit Italiens, foit étrangers, avoient de meilleur ; mais auffi ce que les Maiftres de la Langue, & les Auteurs dont j'ay parlé cy-deffus avoient de plus curieux & de plus beau. J'en ay fait le choix, & pour ne m'en fier pas à moy-mefme, j'en ay confe-
ré

ré avec un Gentilhomme Florentin de mes amis, tres-habile dans les belles Letrres, & tres-verſé dans l'exacte connoiſſance de ſa Langue. J'ay trouvé auſſi moyen de le faire voir à une autre Perſonne, qui n'eſt pas moins eſtimée pour les Langues étrangeres, que pour la noſtre. Et afin de rendre toutes ces choſes plus faciles, je les ay digerées dans l'ordre le plus methodique que je me ſuis pû imaginer.

J'ay diviſé tout cet Ouvrage en trois Parties, dont LA PREMIERE comprend ce qu'il y a de plus neceſſaire pour les Noms & les Verbes, & pour les autres parties du diſcours, conſiderées ſeules & en elles-meſmes.

LA SECONDE comprend quantité de remarques curieuſes ſur la proprieté des mots dans la liaiſon du diſcours, que les Grammairiens appellent SYNTAXE.

ET LA TROISIE'ME, une breve inſtruction de la POESIE ITALIENNE, dont perſonne que je ſçache, n'avoit encore fait entendre les regles en noſtre Langue.

En la premiere partie j'ay renfermé toutes les Conjuguaiſons regulieres dans une petite TABLE à part. J'ay compris les verbes irreguliers dans des REGLES analogiques (ce que je ne croy pas avoir encore eſté fait juſques à preſent) par le moyen deſquelles on peut aiſément ſçavoir leur preterit, leur participe, & ce qu'ils ont de remarquable dans les autres temps. Et pour faciliter encore plus l'uſage de ce petit Livre, j'ay remis enſuite ces meſmes verbes dans des LISTES alphabetiques; dans leſquelles on les peut trouver aiſément, quand on en a affaire.

J'ay meſme taſché de renfermer ces regles des Verbes irreguliers; comme auſſi celles des Noms & des Pronoms, dans de petits vers de huit ſyllabes, pour les rendre plus aiſées à retenir, ainſi que j'avois

fait dans les Methodes Grecque & Latine : l'expe-
rience m'ayant fait voir qu'il n'y a gueres de moyen
d'apprendre plus aisément quelque chose ; sur tout
pour ceux qui commencent. Que si neanmoins il se
rencontre quelqu'un qui approuve moins cette maniere de regles en vers , il luy sera toûjours libre de
les passer, puis qu'il trouvera la mesme chose en suite
expliquée en prose aussi nettement que dans aucune
autre Grammaire, si je ne me trompe. Et s'il s'en trouve peut estre d'autres à qui le dessein que j'ay eu de
servir les enfans dans cet Ouvrage , aussi bien que
ceux qui sont plus âgez , il ne sera pas desagreable

VIII. Maniere de se servir de cette NOUVELLE
METHODE, *& d'apprendre facilement
la Langue Italienne.*

Mais je croy qu'il est bon de remarquer pour toutes sortes de personnes, que quiconque veut apprendre facilement une Langue , doit toûjours joindre
au plûtost l'usage & l'exercice avec les preceptes.
Ainsi ceux qui se serviront de cette METHODE pour
monstrer aux autres , doivent presque se contenter
d'abord de leur faire voir la declinaison de l'Article,
qui est en la page 17. les verbes auxiliaires dans les
pages 36. &37.& les Conjuguaisons des verbes regu-
liers en la page 41. Puis commencer à leur faire expliquer quelque Autheur.
Par là on voit qu'on trouve en 3. ou 4 pages de
ce petit Livre un abregé general de toute la Grammaire , plus court & plus methodique qu'on ne
trouveroit ailleurs : La petite Table des conjuguaisons comprenant en une seule page, & dans une disposition tres-facile à retenir , ce que les Grammairiens ne disent pas en plusieurs , ny mesme en des
Tables beaucoup plus grandes, témoin celles qui ont
esté imprimées depuis quelques années à Paris.

Aprés cela on peut leur faire apprendre, ou au moins lire attentivement les Regles des verbes irreguliers. Et pour le reste de la Grammaire, on peut presque le laisser à celuy qui enseigne, pour le faire remarquer dans l'usage.

Que si quelqu'un desire s'instruire de luy-mesme en cette Langue, il doit presque suivre le mesme ordre, n'apprenant d'abord que ce que je viens de marquer ; & reservant à voir le reste à mesure qu'il avancera dans la lecture de quelque auteur qu'il aura choisi.

IX. Du choix qu'on peut faire des Auteurs pour bien entendre l'Italien.

Nous en avons aujourd'huy un tres-grand nombre qui ont écrit tres-purement & tres-elegamment en cette Langue. Nous pouvons choisir entre les historiens GUICHARDIN & le Cardinal BENTIVOL-TE, qui ont tous deux écrit d'une maniere tres-exacte & tres-accomplie ; qui fournissent une grande quantité de mots dans les differens sujets qu'ils traitent : & qui neanmoins sont assez faciles à entendre, parce que l'ordre de la narration & la suite de l'histoire en facilite l'intelligence.

DAVILA peut estre joint à ces deux ; parce qu'encore qu'il leur soit de beaucoup inferieur dans la pureté du style, il traite des choses qui nous touchent de si prés que nous les pouvons lire avec autant d'utilité que de satisfaction.

MASCARDI a excellé entre les Orateurs, & a merité d'estre appellé *le Ciceron de la Langue Italienne*. Le Galatée de JEAN DE LA CASE est encore fort estimé, ayant particulierement affecté dans les mots & dans les expressions de se rendre imitateur de Boccace : & il peut estre leu avec d'autant plus de profit, que le sujet qu'il traite peut servir à la civilité & aux bonnes mœurs.

Pour les vers, ARIOSTE a écrit avec une merveilleuse exactitude, & peut estre leu avec profit, si
l'on en retranche quelques endroits qui peuvent
blesser l'honnesteté. Mais le TASSE l'a surpassé
dans la grandeur du sujet & dans la beauté de Poëme Heroïque, quoy qu'il se soit donné un peu plus
de liberté pour ce qui est de la Langue.

On y peut joindre la traduction qu'ANNIBAL
CARO a faite de l'Eneïde, où il s'est étudié à rendre
fidellement dans la pureté de sa Langue, les plus
grandes beautez du premier Poëte des Latins.

Enfin l'on y peut ajoûter une infinité d'autres
Auteurs, soit en Vers, soit en Prose, dont la Langue
Italienne a toûjours eu une tres-grande abondance,
sans parler des personnes qui vivent encore aujour-
d'huy. Et l'on peut mesme, si l'on veut, passer jusques à Petrarque & à Datante, pour avoir une parfaite intelligence de cette Langue : ce qui n'est pas
toûjours si difficile qu'on se l'imagine.

X. En quoy consiste la difficulté de parler purement, & écrire exactement en cette Langue.

Mais de la parler ou de l'écrire exactement, ce
n'est pas un travail qui demande, ny peu de temps,
ny peu de soin & d'application. Car outre les diffi-
cultez d'orthographe & de Grammaire, dont les
Italiens sont tres curieux : il faut encore remarquer
qu'ils ont des mots particuliers presque pour toutes
sortes de choses & qui expriment en un seul terme,
ce que nous ne sçaurions dire qu'en plusieurs De
sorte qu'à moins que de sçavoir parfaitement leur
Langue, on dit souvent par une periphrase ce qui a
son mot propre, en quoy l'on choque ceux qui en
ont une connoissance plus exacte.

De plus, cette Langue a encore quantité de mots
qui signifient presque la mesme chose ; mais dont
l'application est fort differente : ce qui demande

une grande exactitude. Et enfin elle est délicate dans son tour & dans ses expressions ; ce qu'on ne peut acquerir que par un tres-grand usage.

C'est pourquoy il est presque impossible de la bien parler, sans avoir beaucoup conversé avec les naturels du païs. Et cela est encore plus necessaire pour en avoir la bonne prononciation, qui est tres-délicate, & qui ne se peut gueres apprendre que de vive voix : quoy que j'en aye marqué ce qui s'en peut expliquer par écrit au commencement de cette METHODE; ayant tasché de la rendre la plus exacte qu'il m'a esté possible en toutes ses parties.

Que si je reconnois que le public en tire quelque fruit, cela me pourra rendre plus hardy pour en publier bien-tost une autre pour apprendre l'ESPAGNOL, laquelle ne sera peut-estre pas moins utile pour cette Langue si grave & si majestueuse, que celle-cy l'aura pû estre pour l'Italienne.

é iij

TABLE

Des Titres & des Matieres contenuës en ce Livre.

PREMIERE PARTIE

De cette Nouvelle Methode.

De ce qui regarde l'Analogie de la Langue.

SECONDE PARTIE.

De quelques remarques curieuses sur la Syntaxe, & la liaison du discours.

TROISIE'ME PARTIE.

Comprenant une breve instruction de la Poësie Italienne.

FIN.

NOUVELLE

NOUVELLE
METHODE
POUR APPRENDRE

facilement & en peu de temps
la langue Italiene.

PREMIERE PARTIE.

DE CE QUI REGARDE
l'Analogie de la Langue.

CHAPITRE PREMIER.

Des Lettres & de la Prononciation.

E s Italiens ont deux Lettres moins que nous, sçavoir *x* & *y*.

Ils font sonner toutes leurs lettres, & n'en mettent aucune inutile, si ce n'est l'*h* qu'ils n'aspirent pas. Mais les plus delicats dans la langue la retranchent aussi dans l'escriture ; horsmis en quelques rencontres particulieres, dont nous parlerons cy-apres.

A

I. DES VOYELLES.

A

A, se prononce comme en François.

E

E, se prononce en deux manieres, aussi bien qu'en noftre langue : eftant tantoft fermé, tel que nous l'avons dans ces mots, *bonté*, *verité* : & tantoft ouvert , comme celuy que nous prononçons dans *befte*, *crefte*, *&c.* Ce qui ne se peut connoiftre exactement, que par une longue pratique & une grande perfection dans la langue. On peut neanmoins remarquer les regles fuivantes.

1. L'*e* à la fin des monofyllables eft fouvent ouvert, comme *ne* pour *neque*, ny.

2. L'*e* à la fin des mots de plufieurs fyllabes eft toûjours fermé, comme.

Arfe di fpeme, e perde il cor dolente.

Il s'enflamma d'efperance , & fon cœur perit dans la douleur.

3. L'*e* devant *ft* , dans les noms fubftantifs eft toûjours ouvert, comme *fefta*, *vefte*, *arrefto* ; fefte, veftement, arreft : Il en faut exeepter *ceflo*, une touffe d'herbe , un panier , *deftino* , deftin , *deftrezza*, dexterité , *meftizia*, trifteffe.

4. Mais dans les adjectifs l'*e* eft fermé devant les mefmes lettres *ft* , comme *feftofo* , enjoüé , *veftito*, veftu , *inneftato*, enté. Excepté , *mefto* , trifte , *lefto*, lefte , bienfait.

5. Dans les verbes l'*e* devant les mefmes *ft* eft ouvert au prefent indicatif, & fermé dans les autres temps , comme *jo vefto*, je vefts , *innefto* , j'ente, *contefto*, je contefte. Excepté *pefto*, je pile, & *defto*, je réveille, où l'*e* eft fermé encore qu'ils foient au prefent, comme il l'eft auffi dans ces mefmes mots, lors qu'ils font pris pour adjectifs ; *pilé*, réveillé.

6. L'*e* eft encore ouvert pour l'ordinaire dans les

mots pris du latin, comme *intelletto*, efprit , *efito,* fortie : Excepté *legge*, loy.

Mele, avec l'*e* ouvert fignifie du miel, & avec l'*e* fermé fignifie des pommes.

I

I, fe prononce comme en François , mais lors qu'il eft entre *c* , *g* , *gl* , *fc* , & les voyelles , *a* , *o* , *u* , il fe mange prefque, ne fervant qu'à former une prononciation plus délicate, comme nous verrons cy-aprés.

O

O , reçoit deux prononciations , l'une ouverte, & l'autre fermée comme l'*e*, dequoy il eft difficile de donner des regles exactes, non plus qu'en noftre langue, où nous prononçons autrement une *cotte* de femme, qui eft l'*o* ouvert & délié, que la *cofte* de la mer, qui eft l *o* plein & fermé.

On peut remarquer neanmoins que dans l'Italiene l'*o* plein & fermé eft beaucoup plus frequent que l'autre. Car

1. L'*o* eft ordinairement fermé lors qu'il reçoit un accent grave, c'eft à dire lors qu'il fuit l'élevement de la voix qui s'eft fait par l'aigu comme *fàvola* , fable.

2. L'*o* à la fin des mots eft toûjours fermé ; ce qui eft prefque toûjours une confequence de la premiere regle , comme

Nel grugno al mio nemico ho dato un pugno.

J'ay donné un coup de poin dans les dents de mon ennemy.

Il en faut excepter les prefens indicatifs monofyllabes ; comme *vo*, je veux ; *fto*, je demeure ; *ho*, j'ay ; *fo* , je fais ; & les troifiémes perfonnes fingulieres du preterit , qui ont l'*o* ouvert , à caufe de l'accent qui y eft marqué , & lequel quoy que grave , y tient lieu de l'aigu , comme nous dirons cy-aprés.

A ij

Andò , cercò , trouò che domandò.

Il alla , il chercha & trouva ce qu'il demanda.

Comme encore les premieres personnes du futur, où l'accent est le mesme , *amerò , canterò , ballerò,* j'aimeray , je chanteray , je danseray.

Mais quoy que l'*o* qui reçoit naturellement l'accent grave soit fermé : ce n'est pas à dire que celuy qui a l'accent aigu soit toûjours ouvert. C'est pourquoy on doit encore remarquer que

3. L'*o* est fermé quand il est suivy de *nd* , ou *nt*,

Nel profondo del mondo , onde onta ei conta.

Dans le creux de l'enfer, d'où il raconte l'ignominie.

4. L'*o* devant *m* , *n* , *gn* , *r* , à la penultiéme est fermé ; comme *pompa* , *bisogno* , *barone* , *corona* , *dolore* , *signore* , pompe , besoin , baron , couronne; douleur , seigneur : Comme encore devant *s* dans les adjectifs , *amoroso* , amoureux , mais dans les substantifs il est ouvert , *rosa* , rose , *sposa* , épouse. L'*o* est encore fermé dans la conjonction *cosi*, ainsi.

Mais l'*o* , precedê d'un *i* , ou d'un *u* liquide, c'est à dire qui ne fait pas syllabe à part , est ouvert ; comme *chioma* , chevelure , *huomo* , homme, *cuore* , cœur. Comme encore celuy qui est suivy d'une double *n n* , comme *donna* , dame , *gonna* , une juppe.

V.

V. se prononce comme *ou* , mesme dans *qui* ou *que* : ainsi *quivi* là , & *quantunque* encore que , se prononceront comme s'il y avoit *quouivi* , & *quouantounqoue.*

V. devant *n* , sonne presque comme *o* ; *un* , on.

Le double *vv* , à la premiere syllabe des mots qui viennent de l'*ad* latin , se prononce par deux *vv* consonnes , & non par diphthongue , comme *avvisare* , aviser , *avvertire* , avertir.

II. DES DIPHTHONGUES.

Les Diphthongues font proprement l'union de deux fons ou voyelles en mefme fyllabe, quoy qu'il y en ait d'ordinaire une plus forte que l'autre.

Les Italiens divifent leurs diphthongues en étenduës & refferrées.

Les étenduës font celles qui font entendre plus diftinctement leurs deux voyelles : & celles - cy d'ordinaire pefent plus fur la premiere ; *aurora,* l'aurore, *colui,* celuy.

Les refferrées font celles dont les voyelles fe prononcent moins diftinctement, & dont l'une vient comme fe perdre dans l'autre : & celles-cy pefent davantage fur la feconde ; *tuono,* le tonnerre. *cielo,* le ciel, *quefto,* cela.

L'on peut remarquer jufques à 17. diphthongues dans la langue Italiene ; fçavoir

Ae : aere, *l'air.*	ia : fiato, *haleine.*
ai : amerai, *tu aimeras.*	ie : pieno, *plein.*
ao : Paolo, *Paul.*	io : piovere, *pleuvoir.*
au : aurora, *l'aurore.*	iu : fchiuma, *efcume.*
ea : borea, *le vent boreas.*	Oi : oi me, *helas.*
ei : coftei, *celle-cy.*	ua : guaftó, *gafté.*
eo : Eolo, *Eole.*	ue : quefito, *cherché.*
eu : Europa, *l'Europe.*	ui : guida, *guide.*
uo : huopo.	*befoin.*

Des Triphthongues & Quadriphthongues.

Les Italiens admettent auffi des Triphthongues ; c'eft à dire, des prononciations de trois voyelles en une mefme fyllabe ; comme,

Eia : eia, *o ça.*	uoi, tuoi, *les tiens* ; fuoi, *les*
iei : miei, *les miens.*	*fiens* : quoy qu'on faffe auffi cés
iuo : figliuolo, *fils.*	derniers de deux fyllabes dans les
uai : guai, *malheurs.*	vers.

Il y en a mesme qui ont voulu dire qu'ils avoient des Quadriphthongues, c'est à dire, des syllabes de 4. voyelles, comme *figliuoi*, fils. Et il est certain que dans les vers, ils font quelquefois des contractions de 4. voyelles en une mesme syllabe, comme. *Disse e a i detti*, &c.

Mais nous en parlerons en son lieu cy-aprés.

III. DES CONSONNES.

Nous ne toucherons que celles où il y a quelque chose de particulier à remarquer pour la prononciation.

Du C. & du G.

Ces deux lettres ont grand rapport ensemble dans toutes les langues.

Elles se prononcent devant *a*, *o*, *u*, comme en françois *ca*, *co*, *cu*, *ga*, *go*, *gu*. Mais devant l'*e* & l'*i*, elles reçoivent un son plus doux, aussi bien qu'en nostre langue ; quoy que d'une maniere un peu differente.

Le *c* devant *e* & *i* se prononce presque comme nostre *ch* : *cecità*, aveuglement, comme *chechitas*; sinon qu'on y mesle quelque chose du *t*, *tchetchita*: mais avec une delicatesse si grande, que ceux qui prononcent bien ne l'y font presque point entendre: Et il vaut beaucoup mieux n'y point mettre du tout de *t*, que d'y en mettre trop, veu que des personnes habiles dans cette langue soustiennent mesme qu'il n'y en faudroit que lors que le *c* est double, comme *accettare*, accepter, *atchettare*.

Que si l'on veut donner la mesme prononciation au *c* avant ces-trois autres voyelles *a*, *o*, *u*, qu'il a devant ces deux, *e*, *i*: on insere un *i* entre le *c* & l'*a*, l'*o*, ou l'*u* ; lequel, comme nous avons dit cy-dessus, ne se prononce presque pas, mais sert seulement à adoucir la prononciation : de mesme qu'en françois nous y inferions autrefois un *e,* comme *avancer*, *il avancea*, au lieu dequoy on écrit à cette heure *avança*. Ainfi *cia*, fera *tcha*; *cio*, fera *tcho*, & *ciu* fera *tchou*.

Si l'on veut au contraire affermir la prononcia-tion du *c*, avant l'*e*, & l'*i*, & luy donner le mefme fon qu'avant les trois autres voyelles ; on y infere une *h* : comme *vecchio*, petit vieillard, *occhio*, l'œil. Et partant l'on dira par la prononciation

tcha   tche   tchi   tcho   tchou

DOUCE; *cia*, *ce*, *ci*, *cio*, *ciu*
FORTE; *ca*, *che*, *chi*, *co*, *cu*.

Le *g* fuit la mefme analogie Car lors qu'il eft devant l'*e*, ou l'*i*, il a prefque la prononciation de noftre *j* confonne, en y meffant quelque chofe du *d*, fur tout lors qu'il eft double, comme *fugge*, *fudje*; il fuit : *fuggi*, *fudji*; fuyez.

Au lieu que devant *a*, *o*, *u*, il fe prononce com-me en François *ga*, *go*, *gou*.

Que fi l'on veut affermir fa prononciation de-vant l'*e*, ou l'*i*, on y infere encore une *h* comme au *c* : & fi au contraire on veut adoucir les trois autres voyelles, on y infere un *i*, comme en fra-çois nous y mettons un *e* ; *manger*, *il mangea*. Ainfi l'on dira par la prononciation

dgea   dge   dgi   dgeo   dgeou

DOUCE; *gia*, *ge*, *gi*, *gio*, *giu*.
FORTE; *gia*, *ghe*, *ghi*, *go*, *gu*.

Du Gl.

Gl devant *i* fuivy d'une autre voyelle, fe prono-ce de mefme que nos deux *ll* mouïllées, dans les mots, de *fille*, *meilleur*, *travailler*. Ainfi ils difent *figliuola*, *meglio*, *travagliare*. Et de mefme *piglio*, je prends, *voglio*, je veux, *egli*, luy, &c.

Il en faut excepter les mots qui font purement latins, comme *Angli*, les Anglois, *negligenza*, *negli-*

gence ; & femblables, lefquels retiennent en cette langue comme en la noftre le fon naturel qu'ils avoient dans la Latine.

Du Gn.

Le *Gn.* fe prononce d'une prononciation molle, comme en françois, *campagna*, campagne ; *compagno*, compagnon. Et de mefme *ignudo*, nud ; *guadagno*, guain ; ce que les Italiens font auffi paffer dans le latin qu'ils prononcent ; mais fans raifon.

DES AUTRES CONSONNES.

N.

N. devant *ce*, *ci*, *d*, *t*, *s*, & *z*, fe prononce fermement, en la faifant fonner du bout de la langue contre le palais de la bouche, comme *accon-ciare*, raccommoder : *man-dare*, envoyer ; *pen-fare*, penfer : *man-zi*, devant. Et cette prononciation fe rencontre mefme quelquefois devant *l* ; *con-la*.

S.

S pour l'ordinaire fe prononce fortement au milieu des mots comme au commencement, mefme lors qu'elle y eft entre deux voyelles : *fa*, par exemple, ayant la mefme force dans *rofa*, rongée, (où l'*o* eft fermé) que dans *falute*, fanté.

Il en faut excepter les noms fubftantifs pris du latin, où l'*s*, par corruption fe prononce comme un *z* françois, lors qu'elle y eft entre deux voyelles : comme *cafus*, *cafo*, accident ; *caufa*, caufe ; *paufa* paufe ; *rofa*, rofe (où l'*o* eft ouvert & délié). Et de mefme *guifa*, guife, maniere, façon, qui femble venir du latin *vifa* : & ainfi des autres.

Sc.

Sc, devant *e* & *i*, fe prononce comme noftre *ch*: *fcemare*, chemare ; diminuer, *lafcivo*, lachivo ; lafcif, fans faire fonner d'*s*.

Ti.

Ti, avant une voyelle fe prononce toûjours fortement par un *t*, comme en noftre langue : & non comme un *c*, ou comme un *z*, ainfi que nous le prononçons en quelques mots pris du latin. C'eft pourquoy ils difent *fimpatia*, comme nous difons *fympatie* ; *oftia*, comme nous difons *hoftie*, &c.

Auffi ceux qui font les plus exacts dans la langue n'écrivent jamais par un *t*, les mots pris du latin, où ce *t* eft doux dans la maniere corrompuë de le prononcer dujourd'huy ; mais ils les écrivent par un *z*, *adorazione*, *compofizione*, *grazia*, *vizio*, *artifizio*, &c. En forte que la regle de prononcer comme on écrit demeure prefque toûjours en fon entier.

Z.

Les Italiens donnent deux prononciations differentes à cette lettre, qui tiennent toutes deux de celle des Grecs.

L'une eft douce & fe prononce comme *d s* : *Zeffiro*, comme s'il y avoit *dfeffiro*, le zefire.

L'autre eft un peu plus forte, & fe prononce comme *t s* ; ce qui arrive prefque toûjours lors qu'elle eft devant l'*i* ; comme *meftizia*, trifteffe ; *giudizio*, jugement, de mefme que s'il y avoit *meftitfia*, *giuditfio*.

CHAPITRE II.

Quelques regles importantes pour *l'ORTHOGRAPHE,*

Et pour l'analogie des mots pris du latin.

I.

LA langue Italiene a une fi grande douceur, qu'elle ne peut prefque fouffrir trois confonnes de fuite, à moins qu'il n'y en euft quelqu'une liquide, c'eft à dire, l'une de ces quatre *l*, *m*, *n*, ou *r*, comme dans *fempre*, toûjours, *fepolchro*, fepulcre.

C'eſt pourquoy ils diſent *aſtinenza* , pour *abſtinen-tia* , abſtinence ; *ſoſtanza* , pour *ſubſtantia*, ſub-ſtance : *traſcorrere* , pour *tranſcurrere* , paſſer outre, parcourir; *traſmettere* , pour *tranſmittere* , envoyer, faire tenir.

Pour cette meſme raiſon ils changent l'*x* en *s* lors qu'il eſt avec une autre conſonne , parce que l'*x* eſt une lettre double qui vaut *c s* : ainſi ils diſent *eſten-ſione* pour *extenſione* , extention : *eſcuſare* ou *ſcuſa-re* , pour *excuſare* , excuſer; *eſpedito* , ou *ſpedito* , pour *expedito* , expedié : *Serſe* , pour *Xerxe* , Xerxes , nom propre.

Mais au milieu des mots , ſi l'*x* latin eſt entre deux voyelles , ils le changent en deux *ſſ* ; *Aleſſandro* , pour *Alexandro* , Alexandre ; *veſſillo* , pour *vexillo* , enſei-gne ; *eſſemplo* , pour *exemplo* , exemple.

C'eſt par cette meſme analogie qu'ils rejettent encore ſouvent la conſonne de la particule qui precede l'*j* conſonne en compoſition , comme *aju-tare* , pour *adjutare* , aider ; parce que cet *i* eſtant fort à prononcer , il fait le meſme effet qu'une lettre double.

2.

Toutes les conſonnes ſe redoublent preſque , lors qu'elles ſont entre deux voyelles , comme *faccio* , je fais ; *caddi,* je tombay ; *allui,* à luy : & de meſme *ab-bondanza* , pris d'*abundantia* , abondance ; *obbedien-za,* , d'*obedientia* , obeïſſance , &c.

C'eſt pourquoy dans les mots compoſez les pre-poſitions changent ordinairement leur conſonne en celle du mot ſimple ; comme *excellente* , *eccellen-te* , excellent ; *obſervare* , *oſſervare* , obſerver ; *admini-ſtrare* , *amminiſtrare* , adminiſtrer ; *adjungere* , *aggiun-gere* , adjoûter ; *con lo* , *collo* , avec luy.

Cette analogie paſſe auſſi dans les mots ſimples, où d'ordinaire les mots qui ont deux differentes conſonnes de ſuite en latin , changent icy la premiere en la fuivante, comme *dotto*, pour *docto*, docte; *atto*, pour *apto*, propre; *danno* pour *damno*, dommage; *dramma*, pour *dragma*, dragme; *coftruttione*, pour *conftructione*, conftruction, & femblables.

3.

L'*l* eftant aprés *f*, *b*, *p*, dans le latin ou dans le françois, fe change icy en *i*; comme *flore*, *fiore*, fleur; *plaga*, *piaga*, playe : & de mefme *bianco*, blanc, *biada*, bled, avoine.

Elle fe change auffi en *i*, lors qu'elle eft aprés *c* ou *g*. Mais parce que cet *i* feroit changer la prononciation du *c* & du *g*, felon ce que nous avons dit cy-deffus: pour retenir celle qui luy eft propre, on y adjoûte une *h*, *claro*, *chiaro*, clair; *glanda*, *ghianda*, glande, *glire*, *ghiro*, un loir, &c.

4.

Les mots latins qui ont deux voyelles aprés *l*, prennent icy un *g* devant, pour faire le fon de nos *ll* moüillées : *folium*, *foglio*, throfne ; *melior*, *megliore*, meilleur.

5.

L'*h* fe met avec le *c* & le *g*, comme nous avons dit, pour fortifier leur prononciation devant l'*e* & l'*i*.

Elle fe met encore dans les interjections, où elle s'afpire, *ah*, *eh*.

Hors cela elle ne s'afpire point : mais elle fe met neanmoins dans les mots pris du latin où elle eft neceffaire pour les diftinguer de quelques autres; comme *hamo*, ameçon, diftingué de *amo*, j'aime; *ho*, *hai*, *ha*, j'ay, tu as, il a; diftinguez par l'*h* de *o*, où, *ai*, article, aux; *a*, prepofition : ou bien pour ofter l'ambiguité de la prononciation, comme *huomo*, homme, *huopo*, befoin, pour monftrer que l'*u* n'eft pas confonne.

Ailleurs elle fe retranche par quelques Auteurs nouveaux, qui difent par exemple *avere*, avoir ; *erede*, heritier ; *ora*, heure, *onore*, honneur, & mefme *uomo*, homme, &c. quoy que peut-eftre avec un peu trop de raffinement, puis qu'il eft toûjours bon & pour ces mots & pour les autres de garder quelque chofe qui marque l'analogie generale des langues, comme nous dirons plus particulierement dans la Grammaire univerfelle.

6.

Le Z quelquefois fe double, & quelquefois fe met fimple, en quoy les Italiens ne font pas mefme d'accord entre-eux. On peut dire neanmoins

1. Qu'il ne fe double jamais lors qu'il n'eft pas entre deux voyelles, quoy qu'il y puiffe recevoir la prononciation & douce & forte ; comme *manza*, prononcé par *d s*, pour dire un veau, & *manza* par *t s*, une jeune bergere.

2. Qu'entre deux voyelles il fe double, pour marquer la prononciation forte de *t s* ; comme *pezzo*, piece, morceau ; *pozzo*, un puits ; *puzza*, puanteur: Et qu'il s'y met fimple pour marquer la prononciation douce de *d s* ; comme *razo*, fufée ; *rezo*, frais ou fraifcheur ; *rozo*, rude, groffier.

3. Que devant l'*i* neanmoins ; où il eft toûjours fort & fe prononce par *t s* ; il ne faut mettre qu'un z feul, lors qu'il vient du latin écrit par un *t* feul, comme *pronuntiare*, *pronunziare*, prononcer ; *demonftratio*, *dimoftrazione*, demonftration : Et qu'il en faut mettre deux lors qu'il vient du *pt* ou du *ct* latin; comme *adoptio*, *adozzione*, adoption ; *corruptio*, *corruzzione*, corruption; *Egyptius*, *Egizzio*, Egyptien: *actio*, *azzione*, action ; *conftructio*, *coftruzzione*, conftruction.

Voilà ce que j'ay peu apprendre des plus exacts dans la langue, touchant les regles de l'Orthographe. Quoy que je n'ignore pas que quelques Auteurs celebres en ufent quelquefois autrement.

CHAPITRE

CHAPITRE III.
Des Accens.

LEs Accens ne font autre chofe que certaines pofes ou élevemens de la voix qu'on fait fur quelques fyllabes dans les mots, pour foûtenir le difcours & prononcer avec plus de grace.

Ces Accens quelquefois fe marquent, & quelquefois ne fe marquent pas, quoy qu'on ne laiffe pas toûjours de les faire.

I. De l'Accent grave.

L'Accent qui fe marque le plus ordinairement eft le Grave, figuré ainfi (`) lequel fe met fur la derniere fyllabe pour marquer qu'on la doit un peu foûtenir en prononçant.

Cet accent fe met ordinairement fur les mono-fyllabes finis par une voyelle; comme *il Rè*, le Roy; *fà*, il fit; *fù*, il fut; *più*, plus.

Sur quelques adverbes de deux fyllabes, *coftì*, icy; *colà*, là.

Sur les mots en *ta* ou *tu*, pris du latin; *verità*, verité; *fanità*, fanté; *virtù*, vertu.

Sur la 3. perfonne finguliere du parfait, *amò*, il aima; *morì*, il mourut; *andò*, il alla.

Sur la 1. & 3. perfonne fingul. du futur; *dirò*, je diray, *dirà*, il dira.

II. De l'Accent aigu.

L'Accent aigu, qui fe marque ainfi (') ne fe met guere que pour diftinguer les mots; comme *principi*, l'accent fur la premiere, venant de *principe*, prince : & *principì*, pour *principii*, l'accent fur la feconde, venant de *principio*, principe.

Mais cet accent, quoy que non marqué, fe doit faire felon les regles fuivantes.

B

1. Les diphthongues finales portent ordinairement l'accent fur leur premiere voyelle en prononçant, quoy qu'elles ne faffent toutes deux qu'une fyllabe; comme *ameréi*, j'aimerois , *amerái* , tu aimeras ; *miéi* , *fuói* , *tuói* , *&c.*

Il en faut excepter les noms purement Latins qui gardent icy l'accent qu'ils avoient en leur langue, comme *eftránei* , eftrangers ; *coetánei* , qui font de mefme âge , &c.

2. La penultiéme longue , foit par nature ou par pofition , porte ordinairement l'accent dans la prononciation ; comme *amáre*, aimer , *amerémmo* , nous aimerions ; *léggere* , lire.

La fyllabe eft le plus fouvent eftimée longue ou breve icy par nature , lors qu'elle eft telle dans le latin ; comme *amíco* , amy : *udíto* , oüy ; *amáre* , aimer ; *fentíre* , connoiftre , fentir , entendre. Elle eft encore longue lors qu'elle enferme une diphthongue; comme *buómo* , homme.

Neanmoins il y a quelque exception ; par exemple , *fapére* , *circondáre* , font icy longs , quoy qu'ils foient brefs en latin , *fapĕre* , fçavoir ; *circundăre*, environner.

Les noms polyfyllabes en *avolo* , *avole* , *evole* , & en *mo* , ont l'accent fur l'antepenultiéme ; comme *cávolo* , un chou : *fávola* , fable ; *burlévole* , burlefque; *Girólamo* , Jerôme , &c.

Tous les autres mots ont ordinairement l'accent fur la penultiéme ; comme *paróla* , parole , *foldáto* , foldat.

Il y en a quelque peu d'exceptez qu'on apprendra par l'ufage ; comme *máfchera* , mafque ; *gióvane* , jeune , *póvero* , pauvre , & femblables.

III. DE L'ACCENT DES VERBES,
Regle generale.

Tous les verbes ont ordinairement l'accent fur la penultiéme, en prononçant , *amáva* , j'aimois. Horf-

mis le futur qui a le grave fur la fin à la 1. & 3. fing.
amerò, j'aimeray, *amerà*, il aimera : comme encore
la 3. fingul. du parfait en plufieurs verbes, *amò*, il
aima ; *credé*, il creut.

Exception de cette Regle.

Toutes les 1. & 3. perf. plur. retiennent l'accent
de la 1. & 3. fing. d'où elles fe forment ; comme *amà-*
va, j'aimois (pris d'*amabam*) *amàvamo*, nous
aimions ; *amàvano*, ils aimoient. *Amaréi*, j'aimerois, *amerébbamo*, nous aimerions, *amerébbe*, il aimeroit, *amerébbono*, ou *-rebbero*, ils aimeroient.
Amáßi, que j'aimaffe, *amáßimo*, que nous aimaf-
fions, &c.

Et cette maxime eft fi vraye, que quelquefois
mefme ils mettent l'accent fur la 4. fyllabe avant la
fin, & quelquefois mefme fur la 5 & 6. contre la
coûtume des anciens Grecs & des Latins, qui ne le
reculoient jamais plus de trois fyllabes. Ainfi ils difent au plurier *contáminano*, ils foüillent ; *diffipano*,
ils diffipent ; pris du fingulier *contámina*, *diffipa*, &
femblables. Ils difent encore *mándavifene*, on vous
en envoye *tenéndomivelo*, en me l'y confervant;
mándamivifene, on y envoye pour moy.

Il faut feulement excepter de cette remarque, la
1. plur. du prefent, qui rentre dans l'analogie generale de l'accent fur la penultiéme ; comme *amiámo*,
nous aimons, &c.

IV. De l'Accent circonflexe.

L'Accent circonflexe eftant compofé de l'aigu &
du grave, comme on voit par fa figure qui eft telle
(ˆ) il marque auffi une plus grande paufe. C'eft
pourquoy plufieurs le mettent fur les interjections
qui marquent defir ou douleur, lefquelles fe doivent
pefer davantage ; comme *ô* : & fur les mots racour-
cis de quelques fyllabes qu'on veut diftinguer de
quelques autres mots femblables. Par exemple *côr-*
re avec cet accent eft pour *cogliere*, cueillir, & *corre*

ſans accent vient de *curro*, courir : *amâro* eſt le temps
paſſé d'*amo* aimer, & *amaro*, ſignifie amer : *fèro* eſt
pour *ferono*, ils firent, & *fero* ſignifie cruel : Et ainſi
des autres. Ce qu'il eſt bon de remarquer, quoy
qu'on n'y ſoit pas toûjours ſi exact.

CHAPITRE IV.
Des Articles.

LE s Italiens ont deux articles pour le maſculin,
ſçavoir *il*, & *lo* : Et un pour le feminin, qui eſt *la*.

L'article *il*, ſe met devant les noms qui commencent par une conſonne, comme *il padre*, le pere, *il
Ré*, le Roy.

L'article *lo* ſe met devant les noms qui commencent par une voyelle, où il perd ſon *o* ; comme *l'a-
more*, l'amour ; *l'huomo*, l homme : Et devant ceux
qui commencent par *s* ſuivie d'une autre conſonne;
où il retient *o* ; comme *lo ſtudio*, l'eſtude ; *lo ſcolare*,
l'eſcolier *lo ſplendore*, la ſplendeur.

AVERTISSEMENT.

Quelques-uns croyent meſme qu'on le doit mettre aprés la
propoſition *per*, voulant qu'on diſe *per lo* : mais on dit auſſi
per il, pour le,

Comment les articles ont eſté tirez du latin.

*Il eſt viſible que les articles des Italiens, auſſi bien
que ceux des François & des Eſpagnols, ont eſté tirez du
pronom latin* ille, illa, illud. *Car prenant la premiere
ſyllabe d'*ille, *les Italiens ont fait leur article maſculin*
il, *dont les Eſpagnols ont fait* el. *Et les François en ont
auſſi pris leur pronom demonſtratif* il : *Comme de la
derniere ſyllabe du meſme pronom, ils ont fait leur
article maſcul.* le, *qu'ils prononcent par leur* e *feminin.*

*De meſme d'*illa, *prenant la derniere ſyllabe, ces
trois nations en ont fait leur article feminin* la.

Et d'illud, prenant aussi la derniere syllabe, dont on retranche le d; *les Italiens & les Espagnols, changeans* u *en* o, *en ont fait leur autre article masc.* lo.

Regle I. Declinaison des Articles.

1. *Les articles ne se declinent.*
2. DE, *A*, D'A, *trois cas determinent;*
3. Il *pour l'ordinaire* i *perdant,*
  Lo, la, le, *leur* l *redoublant.*

EXEMPLES.

1. Les Italiens ne declinent point en changeant de terminaison, non plus que les François.

Ainsi l'article estant toûjours le mesme, peut estre pris pour ce qu'on appelle Nominatif, Accusatif, ou Vocatif, selon que la suite du discours le desire.

2. Pour determiner les trois autres cas, on se sert de ces trois propositions, *De, A, Da,* dans les articles. *De* sert pour le genitif, *A* pour le datif, & *Da* pour l'ablatif.

3. Mais pour joindre ces particules à l'Article, on oste i, du nominatif il, & on redouble ll, aux deux autres, lo, & la, quand il n'y a point d'autre consonne devant. Et partant ces articles se declinent ainsi.

MASCULINS.		FEMININ.
S. Il *ou* Lo		La
De l	De llo	De lla
A l	A llo	A lla
Da l	Da llo	Da lla
P. I	Gli	Le
De i ou de'	De gli	De lle
A i ou a'	A gli	A lle
Da i ou da'	Da gli	Da lle

B iij

AVERTISSEMENT.

Le plurier *Gli*, ne redouble pas *ll*, aprés ces particules, parce qu'il y a une autre consonne devant *l*, sçavoir *g*, lequel n'y a esté mis que pour un plus grand adoucissement, car autrefois on disoit *Li*, *Delli*, *Alli*, comme on voit encore dans Bocace & ailleurs : Et il y a des rencontres où l'on s'en sert encore fort souvent ; comme *Li Ebrei*, les Hebreux ; *Delli spiriti*, des esprits, &c. au lieu dequoy l'on dit aussi *gli*, *degli*, &c.

CHAPITRE V.

Des Noms.

TOus les noms prennent l'article devant eux, excepté les noms propres, comme *Pietro*, Pierre : *Parigi*, Paris ; & ceux que nous prenons indeterminément, *Rè*, *Prete* ; Roy, Prestre ; Car autre chose est de dire *Egli è Rè*, il est Roy ; & de dire *Egli è il Rè*, c'est le Roy.

Mais les surnoms prennent aussi l'article ; comme, *il Tasso*, le Tasse ; *il Bembo*, Bembe, &c.

Regle LI. Des cas des noms.

1. Aux noms Di *pour* De *se mettra:*

2. Avant voyelle Ad *est pour* A.

EXEMPLES.

1. Les noms qui n'admettent pas l'article prennent la particule *Di* au lieu de *De* pour marquer le genitif, comme *un vestito di Rè*, un habit de Roy, qui est un autre sens que si on disoit, *un vestito del Rè*, un habit du Roy.

2. Les deux autres particules *A*, & *Da* leur demeurent comme aux articles. Mais au lieu de *A* l'on dit *Ad*, quand le nom commence par une voyelle, comme *ad altro*, à autre.

Regle III. De la formation des noms pris du Latin.

1. *L'Italien divers noms veut prendre*
   D'Ablatif Latin, qui doit rendre
2. *O pour V, comme l'E pour I :*
3. *D'Vs neutre O : 4. d'En, E vient aussi.*

E X E M P L E S.

1. Les Italiens prennent grande quantité de noms des Ablatifs Latins. Ce qu'ils font dans toutes les declinaisons, comme *fuoco*, feu, de l'ablatif *foeo*, foyer ; & de mesme *mago*, magicien, *padre* pere, de *patre* (prenant *d* pour *t*) *principe*, prince, &c.

2. Mais on prend l'*o* pour l'*u* de la quatriéme, *senso*, de *sensu*, le sens ; & l'*e* pour l'*i* des adjectifs de la troisiéme, *illustre d'illustri*, illustre & semblables.

3. Les neutres en *us* ostent *s* du nominatif, puis changent *u* en *o* ; *tempus*, *tempo* ; le temps : *pelagus*, *pelago* ; la mer : *corpus*, *corpo*, le corps, &c.

   Capo, la teste, suit la mesme analogie, rejettant le *t* de *capu-t*, Latin, puis changeant *u* en *o*.

4. Ceux en *en* ostent seulement la finale : *nomen*, *nome*, nom, &c.

A V E R T I S S M E N T.

De *flumen* neanmoins vient *fiume*, par le changement d'*l* en *i*. *Sanguis* sang, ostant aussi l'*s* finale, change l'*i* en *e*, *sangue*. *Pulvis*, poudre fait *polve* & *polvere*, changeant le premier *u* en *o*.

Marmor, marbre, devient italien ostant seulement l'*r* finale : *marmo*. *Piper* poivre, & *Cicer*, pois chiche, suivant la mesme analogie : mais ils changent l'*i* en *e*, faisant *pepe*, & *cece*. Mais *pipe* est le plurier de *pipa* ; une pipe, une tabacquiere.

Regle IV. Genres & terminaisons des noms Italiens.

1. *Masculins sont les noms en O,*
   Hors ceux de ville & la mano.

2. Mais au feminin l'A se donne:
3. Et l'E, pour tous les deux est bonne.

EXEMPLES.

Les Italiens n'ont que deux genres dans les noms non plus que les François : & tous leurs noms se terminent ordinairement en l'une de ces trois voyelles, A, E, O.

1. O est du masculin ; comme, *il popolo*, le peuple : hormis *la mano*, la main ; & les noms de villes, comme *Taranto*, *Epheso*, *Otranto*, *Lepanto*, *Corintho*, qui sont du feminin.

2. A, est toûjours du feminin, comme *la rosa*, si ce n'est les noms d'hommes, masculins par leur signification ; comme *il Papa*, le Pape, *il Poëta*, le Poëte.

3. E, tantost suit le masculin, & tantost le feminin ; *il principe*, le Prince ; *la madre*, la mere.

Quelques-uns mesme sont communs aux deux genres, comme *il fine*, ou *la fine*, la fin ; *il carcere*, ou *la carcere*, la prison. Ce qu'on reconnoistra d'ordinaire ou lors qu'ils ont les deux genres en latin, ou lors qu'ils en ont un en latin, & l'autre en françois.

AVERTISSEMENT.

Il y a aussi plusieurs noms propres en *i*, comme *Napoli*, *Narni*, *Ascoli*, *Barberini*, *Orsini*, *&c.* & quelques-uns en *ù* marquez d'un grave ; *la virtù*, la vertu, &c.

Regle V. Du plurier des noms.

1. A feminin l'E plurier fait.
2. Tout autre nom en I se met.

EXEMPLES.

Il n'y a que deux terminaisons au plurier, sçavoir
1. E, qui vient toûjours du feminin en A, *la Regina*, la Reine ; *le Regine*, les Reines.

2. I qui eſt pour tous les autres noms, comme ceux en A, qui ſont maſculins; *il Papa*, *i Papi*, les Papes.

Tous ceux en O, *il popolo*, *i popoli*, les peuples ; *la mano*, *le mani*, les mains.

Et tous ceux en E, *il ſole*, *i ſoli*, les ſoleils : *la madre*, *le madri*, les meres ; *la rete*, *le reti*, les filets.

AVERTISSEMENT.

Il faut excepter ceux en *ie* non diphthongue, qui ſont ordinairement des noms pris du Latin, comme *effigie*, effigie; *ſpecie*, eſpece ; *temperie*, temperament ; *ſuperficie*, ſurface, &c. leſquels ont le plur. ſemblable au ſingulier.

Les noms en *ca*, *ga*, *co*, & *go*, qui retiennent cette prononciation ſeche au plurier, y adjoûtent une *h*; comme *amica*, amie, *a niche*; *piaga*, playe, *piaghe*; *maga*, magicienne, *maghe*; *fuoco*, feu, *fuochi*. Parce qu'autrement la prononciation changeroit: comme on voit dans *amico*, amy, *amici*; *mago*, magicien, *magi*, & dans quelques autres : Ce qui eſt fondé ſur la raiſon d'orthographe marquée cy-deſſus, au Chap. 2.

Le nom *pari* pareil, eſt de tout genre, & ſe trouve tant au ſingul. qu'au plur. *Tuo pari*, voſtre pareil; *Tua pari*, voſtre pareille ; *i pari tuoi*, vos pareils ; *le pari tue*, vos pareilles, &c.

Regle VI. Des noms qui ont un grave à la fin.

Ceux dont la fin prend grave accent,
N'admettent point ce changement.

EXEMPLES.

Les noms marquez d'un accent grave à la fin ne reçoivent point ce changement de terminaiſon au plurier, gardant par tout la meſme voyelle; comme *la pietà*, la pieté ; *le pietà*, les pietez ; *il Rè*, le Roy, *i Rè*; *il dì*, le jour, *i dì*; *la virtù*, la vertu, *le virtù*, &c.

AVERTISSEMENT.

La raiſon de cecy eſt que ces mots ſont coupez, & que la derniere ſyllabe qui feroit cette diverſité du ſingulier & du plurier, n'y eſt plus. Ainſi l'on dit *la pietà*, pour *la pietade*, pris de l'ablatif *pietate*: & *i pietà*, plurier, pour *le pietadi*, Et de meſme des autres. C'eſt pourquoy dans les Poëtes on trouve encore ſouvent ces mots tout entiers ; comme *la pietade*, *la crudeltade*, *la cittade*, &c. Et c'est pour la mesme raison qu'on dit aussi au plurier *Regi*, les Rois, comme venant du singulier *Rege*, au lieu duquel on a dit *Rè*.

Regle VII. Des noms irreguliers au plurier.

1. *D'O singulier vient par fois A*,
2. *Mais plusieurs prennent l'I, puis l'A.*
3. Huomo *l'homme. fait* huomini,
4. Mille, mila: 5. Moglie, mogli.
6. Dio, *Dieu*, *fait* Dij, Dei.
7. VE, Vo, *font* Voi.

EXEMPLES.

1. Il y a quelques noms masculins en O, qui font leur plur. en *A*, comme *un paio*, une paire, *due paia*, deux paires : *un vovo*, un œuf, *due vova*, deux œufs : *un migliaio*, un milier, *due migliaia*, &c.

2. Mais il y en a beaucoup plus qui retiennent l'une & l'autre terminaison au plurier : comme *il corno*, *i corni*, & *le corna*, les cornes, *il dito*, *i diti*, & *le dita*, les doigts ; *il legno*, le bois ; *i legni*, & *le legna* ; *il carro*, le char ; *i carri*, & *le carra* ; *il braccio*, *i bracci*, & *le braccia*, les bras.

3. *Huomo* fait au plurier *huomini*, prenant quelque chose de l'accroissement latin.

4. *Mille*, mille, fait *mila*, changeant *e* en *a*, & retranchant *l*.

5. *Moglie*, femme, perd seulement la finale, & fait *mogli*.

6. *Dio*, Dieu, fait au plurier *Dij*, & *Dei*.

7. Les noms en *üe* & en *üo*, font *uoi*, comme *il buë*, bœuf, *buoi* ; *tuo*, tien, *tuoi*.

AVERTISSEMENT.

Mogli a esté fait dé *moglii*, pour ne pas mettre deux *ii* dé suite.

Et ce mesme adoucissement a esté observé dans le plurier

des noms en *io* , comme *saviò, savi* , sage ; *occhio, occhi,*
yeux , &c.

Neanmoins de *principio* , & *tempio* , on a fait *principÿ* , prin-
cipes, & *tempÿ* , temples ; pour les distinguer de *principi* , princes , & *tempi* , temps , qui sont les pluriers de *principe* , & de
tempo.

Ou pourroit mesme joindre à ceux-cy *essercitÿ* , exercices,
& *vitÿ* , vices, pour ceux qui les écrivent avec un *t*, afin de les distinguer d'*essercitj* , armées, & *viti* vignes. Quoyque la meilleure
maniere de les écrire, soit de les mettre avec un *z, essercizi, vizi,*
comme nous avons dit cy-dessus. Et alors ils ne prennent qu'un
i & rentrent dans l'analogie de la regle des noms en *i*.

On peut joindre encore aux precedens *martirÿ* , les tour-
mens , & *martiri*, les martyrs ; le premier venant de *maritirio,*
pour lequel on dit aussi *martivi* , tourment, martyre : & le second de *martyre*, un martyr : Avec *premÿ* , venant de *premio,*
recompense, pour le distinguer de *premi* , seconde personne du
verbe *premio* : Et quelques autres, ausquels *io* se prononce en
deux syllabes au singulier : comme *concilio*, concile ; plur. *con-
cilÿ* , ou *concili.*

DE L'A MOTION ET VARIATION
DES NOMS,
1. Des Substantifs.

Les substantifs masculins forment souvent des
feminins en *essa* : soit ceux en *a* , comme *poëta* , poëte , *poëtessa* : *profeta*, prophete, *prophetessa*, prophetesse:
soit ceux en *e* ; *principe* , prince , *principessa*, princesse,

Quelques-uns changent seulement *e* en *a* , *mar-
chese*, marquis, *marchesa*, marquise; *signore*, seigneur,
signora , Dame ; *padrone* , patron, maistre , *padrona* ,
maistresse. Et quelques-uns suivent l'analogie des
ablatifs latins ; *Imperadore* , Empereur , *Imperatrice*, Imperatrice, *Elettore* , Electeur , *Elettrice* , Elec-
trice , &c.

Plusieurs adjectifs en *e* & en *o* forment aussi des
substantifs en *ezza* : *dolce* , doux , *dolcezza* , douceur;
grande, grand, *grandezza* , grandeur ; *netto* , net, *net-
tezza* , netteté ; *polito*, poly , *politezza* , politesse , &c.
Mais la motion des adjectifs en eux-mesmes se fait
selon la regle suivante.

Regle VIII. Des Adjectifs.

1. Les adjectifs en E finis,
Aux deux genres seront unis.
2. Mais ceux en O, par l'A varient,
Et les deux genres s'approprient.

EXEMPLES.

1. Les Italiens ont deux sortes d'adjectifs, sçavoir ceux en E, qui n'ont qu'une terminaison pour les deux genres ; comme *felice*, heureux, & heureuse; *cortese*, civil, & civile ; *amerevole*, aimable, &c.
2. Et ceux en O, qui se changent en *A*, pour le feminin : comme *bello*, beau, *bella*, belle ; *leggiadro*, bien fait, *leggiadra*, bien faite.

Regle IX. Des degrez de comparaison.

*1. Fais de *più* le Comparatif.*
2. Mais forme le Superlatif,
Ostant la derniere voyelle,
*Issimo *mettant au lieu d'elle.*

EXEMPLES.

1. Les Italiens n'ont point de Comparatifs, non plus que les François. Ils se servent au lieu d'eux, de *più*, comme nous de *plus*; ainsi, *più dotto*, plus docte.
2. Mais ils forment leurs Superlatifs suivant l'analogie latine, en changeant la derniere syllabe du positif en *issimo* ; comme, *beat-o*; *beat-issimo*, tres-heureux; *illustr-e illustr-issimo*, illustre.

AVERTISSEMENT.

Il y en a quelques-uns irreguliers ; mais qui en cela mesme rentrent presque dans l'analogie latine, comme

| Buono | megliore, | ottimo, & buonissimo |
| Bon. | meilleur. | tres-bon. |

Mal

Malo
 ou } peggiore   peſſimo.
Cattivo

méchant	*pire*	*tres méchant*
Grande	maggiore	maſſimo & grandiſſimo
Grand	*plus grand*	*tres-grand*
Picciolo	minore	minimo
Petit	*plus petit*	*tres-petit.*

Regle X. Des diminutifs & augmentatifs.

1. *Noms en* ino, etto, ello,
   Comme en uzzo, uccio, uolo,
   Sont de forme diminutive.

2. *Au contraire l'augmentative*
   Eſt en accio, otto, one:

3. *La congregative en* ame.

EXEMPLES.

1. La pluſpart des noms Italiens en forment d'au‑
tres d'eux-meſmes, qui diminuent ou augmentent
la ſignification, ſuivant les terminaiſons qui ſont
dans la regle.

1. Pour les DIMINUTIFS, les trois premie‑
res terminaiſons, ſçavoir *ino, etto, ello,* marquent ordi‑
nairement quelque complaiſance ou flaterie. Ainſi
de *vecchio* vieillard, l'on fait *vecchino, vecchietto* ou
vecchiarello, pour dire un bon petit veiillard, un bon
homme. Et les trois autres, ſçavoir *uzzo, uccio, uolo*
enferment quelque rabaiſſement ou mépris, com‑
me *vecchiuzzo,* un pauvre vieillot : *pendantuccio,* un
pauvre petit pedant ; *offiziuolo,* petites heures, petit
office.

2. Pour les AUGMENTATIFS au contraire,
les deux dernieres terminaiſons, *otto & one,* aug‑
mentent en bonne part, comme *vecchiotto & vec‑
chione,* pour marquer un bon vieillard, un venerable

vieillard : & la derniere terminaifon *accio* fe dit par mépris, comme *vecchiaccio*, pour dire un méchant vieillard, un homme fordide & avaricieux; *libraccio*, un grand vieux livre mal bafty.

3. Cette terminaifon *ame* marquent fouvent un amas ou abondance de quelque chofe ; comme *gentame*, un ramas de menu peuple, une affemblée de monde, *offame*, un tas d'os.

AVERTISSEMENT.

Cettelangue fe plaift tellement aux Diminutifs qu'elle en tire quelquefois des diminutifs mefmes, comme de *bambo*, enfant, inufité, *bambino*, *bambinello*, & *bambinelluccio*, qui font des diminutifs de diminutifs.

DES NOMS DE NOMBRE.

Vno prend *vna* pour feminin, fuivant la regle generale des adjectifs ; mais l'on dit auffi *vn*, comme nous dirons dans les figures.

Due fert également aux deux genres ; *due fratelli*, deux freres; *due forelle*, deux fœurs; quoy qu'on trouve auffi quelquefois *duo* au mafculin ; & encore *duoi*.

Les autres noms font invariablés jufques à mille, *Tre, quattro, cinque, fei, fette, otto, nove, dieci.*

Les nombres compofez mettent le plus grand le dernier, jufques à dix-fept : ainfi,

Vndici, dodici, tredici, &c. Mais on dit *diciffette, diciotto, dicinove.*

Venti, vent' uno, venti due, &c.

Trenta, quaranta, cinquanta, feffanta, fettanta, ottanta, novanta, &c.

Cento, ducento ou *dugento, trecento*, &c.

Mille, due mila, &c.

Milione, due milioni, tre milioni, &c.

Les nombres ordinaux font toûjours pris de l'ablatif latin ; *primo, fecondo, terzo*, &c fuivant l'analogie generale des autres.

AVERTISSEMENT:

AMBO fert auſſi pour les deux genres. Car on dit *ambo gli occhi*, les deux yeux, *ambo le mani*, les deux mains. Mais lors qu'il entre en compoſition avec *due*, il change l'*o* en *i* pour le maſculin, & en *e* pour le feminin; comme *ambidue*, tous les deux, *ambedue*, toutes les deux : au lieu dequoy on dit auſſi *amendue*.

CHAPITRE VI.

Des Pronoms.

LEs pronoms ſont, ou perſonnels, ou poſſeſſifs, ou demonſtratifs, ou relatifs, ou interogatifs.

R. I. Des perſonnels.

1. Io, tu, ſe, *perſonnels pronoms*,
   Ainſi qu'en François nous prenons.
2. Mi, ti, ſi; *Plurier*, ci, ne, vi,
   Font deux cas. 3. *Par fois e font d'i.*

EXEMPLES.

1. Les pronoms des trois perſonnes ne peuvent faire de peine, parce qu'ils ſont preſque de meſme qu'en françois, faiſant leurs cas de *me, te, ſe*. Comme *di me*, de moy, *à te*, à toy, &c.
2. On ſe ſert auſſi de ces particules *mi*, *ti*, *ſi*, pour le datif & l'accuſatif; comme nous diſons en françois, *il* me *donne*, *il* te *voit*. Mais ils y en ajoûtent trois au plurier que nous n'avons pas; ſçavoir *ci*, ou par fois, *ne*, pour *noi*, nous; & *vi*, pour *voi*, vous.
3. Ces particules changent auſſi quelquefois leur *i* en *e*; *me*, *te*, *ſe*, &c. à ces deux cas. Ce qui arrive principalement lors qu'elles ne ſont pas jointes im

mediatement au verbe, comme nous dirons dans la Syntaxe.

Ces pronoms se declinent donc ainsi.

Sing. Io, *je, moy,*   Sing. Tu, *tu, toy,* Sing.   *

Di me, *de moy,*	Di te, *de toy*	Di se, *de soy*
A me ⎫ mi ⎰ *à moy*	Te ⎫ ti ⎰ *à toy*	A se ⎫ si ⎰ *a soy*
Me ⎭ ⎱ *me, moy*	A te ⎭ ⎱ *te, toy*	Se ⎭ ⎱ *se, soy*
Da me, *par moy*	Da te, *par toy*	Da se, *par soy*

Pl. Noi *nous*   Pl. Voi *vous*

Di noi	Di voi	*Se* est le mesme
A noi ⎫	A voi ⎫	au plurier qu'au
Noi ⎭ ci ne	Voi ⎭ vi	singulier. Il n'a
Da noi	Da voi	point de nomina-

Se est le mesme au plurier qu'au singulier. Il n'a point de nominatif non plus qu'en latin ny en françois.

AVERTISSEMENT.

Petrarque semble avoir affecté de mettre en usage *ne* pour *noi,* nous : estimant que *ci* sentoit trop son vieux Toscan :

> *Vendetta è di colui, che à cio ne mena.*   Petr.

C'est une vengeance de celuy qui nous pousse à cela,

> *Perche con luy cadrà quella speranza,*
> *Che ne sè vaneggiar si longamente.*   Id.   *

Parce que l'esperance qui nous a si long-temps amusez, tombera avec luy.

Le Tasse s'en sert de mesme tres-souvent. Annibal Caro l'a mis diverses fois dans son excellente traduction de l'Eneïde : comme au 7. où Virgile dit,

> *Troius Æneas tua nos ad limina misit.*

Il a traduit ─────── ─────── *quel Troiano Ænea*

> *Ch' a te ne manda--*───── ──────

Cet Enée de Troye qui nous envoye vers vous.

Mais cela est plus rare pour la prose, où l'usage ordinaire de cette particule n'est presque plus que de marquer relation comme nostre *en* françois : *Dategliene,* donnez-luy-en : *Ce ne fè parte,* il nous en fit part, &c.

II. Du pronom *Egli.*

1. **Egli, ei** *prend ses cas de* **luy,**
   Comme **Ella** *fait les siens de* **lei :**

2. Eglino, ellino *plurier,*
Elle, elleno *veut former :*
Tous ses cas de loro *faisant,*
3. Il, lo, la, gli, li, le, *joignant.*

EXEMPLES.

1. On peut joindre aux pronoms precedens *egli,* *ei* ou *lui,* il ; pour le masculin qui forme tous ses cas de ce dernier nominatif *lui* : & *ella* ou *lei,* elle, pour le feminin, qui forme aussi tous ses cas de ce dernier nominatif *lei.*

2. Le plurier est *eglino* ou *ellino,* ils, pour le masculin; & *elle* ou *elleno,* elles, pour le feminin : ou *loro* pour les deux genres, qui se retient aussi pour tous les cas.

3. Mais on se sert encore icy de ces particules, *il, lo,* pour l'accusatif masculin seulement, au lieu de *lei*: & de *la* pour le feminin, au lieu de *lei,* (ce que les François expliquent fort bien par *le* ou *la.*) Et encore de *gli* ou *li* indifferemment pour le datif singulier, ou pour l'accusatif plurier masculin, & de *le* pour ces deux mesmes cas au feminin : ce que les François expliquent par *leur* ou *les.* Ce pronom se decline ainsi.

S. Egli, ei, e, ou par fois lui } *luy, il*	S. Ella, *& par fois* lei, *elle*
Di lui, li, *de luy*	Di lei, *d'elle*
A lui, li, gli } *à luy*	A lei, le, *à elle*
Il, lo, lui, *le*	Lei, la, *la*
Da lui, *par luy*	Da lei, *par elle*
P. Egli, elli, ei, li, Eglino, ellino ou loro } *ils, eux*	P. Elle, *& par fois* Elleno *ou* loro } *elles*
Di loro *d'eux*	Di loro, *d'elles*

A loro, gli loro } *à eux* ou *leur.*	A loro, loro, *à elles, leur,*
Loro, li, gli, *les.*	Loro, le, *les.*
Da loro, *par eux.*	Da loro, *par elles.*

AVERTISSEMENT.

Les nominatifs *lui, lei,* & *loro,* ne se mettent pas avec un verbe actif, par ceux qui parlent purement. Voyez Syntaxe.

Petrarque dit *ello* & *elli* au lieu d'egli, & jamais ne se sert d'*egl no* ou *ellino* au plurier. Dante s'est servy de *elli,* changeant le *g* en *l,* pour l'un & l'autre nombre. Boccace se sert aussi d'*el* pour *egli.*

L'accusatif singulier *lo* vient de ce nominatif *ello :* de mesme que *la,* & le plurier *le,* sont faits des nominatifs *ella* & *elle,* par retranchement de la premiere syllabe : & il est beaucoup plus naturel de les prendre ainsi, que de dire comme font quelques Grammairiens, que ce sont des cas de l'article.

C'est ainsi que *l* au datif sing. mascul. & *le* au feminin, sont des mots coupez pour *lui* & *lei;* & que *g i* vient d'*egli :* au lieu de quoy ils disent encore *li* à l'accusatif plurier : De mesme que pour *egli* ils disent, non seulement *ei,* mais aussi *e'* au nominatif singulier: n'y ayant rien de plus ordinaire en cette langue, que ces sortes de contractions & de retranchemens dans les mots, ce qui n'empesche pas que ce ne soit aussi une chose assez ordinaire dans toutes les langues, de se servir des articles pour relatifs, & pour demonstratifs, comme nous l'avons fait voir dans les Nouv. Meth. pour les langues Grecque & Latine. Et l'on voit mesme icy qu'ils se servent encore à l'accusatif singulier masculin de *il,* qui ne peut venir que des articles.

III. DES POSSESSIFS.

Les possessifs sont *mio, tuo, suo, nostro, vestro,* pris des ablatifs latins *meo, tuo,* &c.

Ils reçoivent l'article comme les noms, & se varient par les deux genres comme les autres adjectifs. S. *il mio, la mia,* le mien, la mienne. P. *i miei, le mie,* les miens, les miennes, &c. ce qui ne peut faire aucune peine.

IV. Des Demonstatifs.

1. *Demonstratifs seront ceux-cy,*
   Colui, Costui, *&* Cotestui.
   En eï *feminin faisant,*
   En oro *plurier terminant.*
2. *Ioins* Cio. 3. *Ioins* Cotesto, -testi,
   Quello, quelli, questo, questi.
4. *Dont le feminin* A *faisant*
   Leur plurier un I *puis* E *prend.*
5. *Vnitifs sont* Medesimo,
   Esso, Stesso, *comme* Istesso.

EXEMPLES.

1. Entre les demonstratifs il y en a trois qui font
leur feminin en *ei*, & leur plurier en *oro*, sçavoir
Colui, *celuy-là*; colei, *celle-là*; coloro, *ceux ou celles-là.*
Costui, *celuy-cy*; costei, *celle-cy*; costoro, *ceux*
ou *celles-cy.*
Cotestui, *celuy-cy*; cotestei, *celle-cy*; cotestoro, *ceux*
ou *celles-cy.*
2. *Cio* ne se trouve qu'au singulier, & semble toûjours
absolu, sans prendre de substantif, comme *ce ou cela*
en françois : *Cio piacque à tutti*, cela plût à tous.
   Il se compose avec divers mots, *cioè*, *hoc est*, c'est
à dire : *acsioche*, à ce que, afin que : *perciò*, pour ce
sujet, pour cela, partant : *percioche*, parce que : *conciosi*
ache, veu que, comme ainsi soit que.
3. *Cotesto, cotesti.* Fem. *Cotesta, coteste,* } { celuy-cy.
   Questo, questi. Fem. *Questa, queste,* } { celle-cy.
Quello ou *quel*; quelli ou *quegli, quei.* Fem. *Quella,*
quel ou *quelle*; celuy ou celle-là.
4. Ces trois se trouvent mesme en *i* pour le singulier (Voyez Syntaxe) comme ils le font toûjours au

plurier. Mais leur feminin ayant *a* , selon la regle des adjectifs, il prend *e* au plurier, comme on voit cy-deſſus.

5. *Medeſimo* , *meſme* ; ſe joint aux autres pronoms, & aux noms ſubſtantifs ; *io medeſimo* , moy-meſme; *il ſignore medeſimo* , le ſeigneur meſme.

Eſſo , *ſteſſo* , & *iſteſſo* , ont le meſme ſens & la meſme force que *medeſimo* : *con eſſo lei* , avec elle : *eſſo-ſteſſo* , luy-meſme : *io ſteſſo* , moy-meſme ; *l'effetto iſteſſo* , l'effet meſme ; *eſſo Ré* , le Roy luy-meſme.

Comment ces pronoms demonſtratifs ont eſté pris du latin.

De hic *pronom latin* , *par tranſpoſition on a fait* chi; *puis joignant l'article* lo (*que nous avons fait voir venir d'*illud) *& redoublant l'*l , chillo , *comme on le prononce encore en quelques provinces d'Italie* , *puis* chello *par le changement d'*i *en* e , *& enfin* quello.

Queſto *vient de meſme de* hic-iſte , *&* queſta , *de* hæc-iſta. *D'où vient que quelques provinces de Toſcane prononcent auſſi* chiſto *&* cheſto.

Et coteſto *vient de* hoc-iſtud ; *car de* hoc *on a fait* coh ; *puis* co , *& de* iſtud *par tranſpoſition du* d *& changement de l'*u *en* o , diſto , *puis* deſto, teſto : *& joignant les deux mots* , coteſto.

Eſſo *vient d'*eſto, *changeant le* t *en* s , *& d'*eſſo *vient* iſteſſo.

Colui *&* Colei , *out eſté dits de meſme pour* che lui, *celuy* , *&* che lei , *celle ; où nous retenons encore l'*e, *Mais* lui *vient de* huic , *&* lei , *d'*ei *datifs latins.*

Coſtui *&* coteſtui *ont eſté formez ſur l'analogie des precedens* , *les tirant de* cho *pour* hoc *& d'*iſtud.

Cio *a eſté encore pris de* hoc, *dont on a fait* cho, *puis pour adoucir* cio.

1. QVALE, *quel, ses cas de soy a,*
2. *Ou de* Cui *d'autres en fera.*
3. Che, chi, *sont aussi relatifs,*
   Et souvent interrogatifs.

EXEMPLES.

1. Le Relatif *il quale*, lequel, est du genre commun; il a au plurier *quali*, & prend ses cas de luy-mesme en y joignant l'article, *il quale*, *la quale, del quale*, *della quale*, *&c.*

2. Mais il en forme encore d'autres de *cui*, avec les particules indefinies, *di*, *a*, *da* pour l'un & l'autre nombre; *di cui*, duquel, ou desquels, &c. Quelquefois mesme on omet ces particules.

   Voi cui fortuna ha posto in man' il freno
   Vous à qui la fortune a mis la bride en main.

3. L'indeclinable *che* répond au relatif françois qui, ou que; comme *il che mi fece risoluere*; ce qui me fit resoudre: *farò quel che varrete voi*; je feray ce que vous voudrez.

   Il fait aussi la fonction de nostre particule *que*, & sert d'interrogatif: *che dite?* que dites-vous?

   Chi est encore relatif, & mesme interrogatif; *à chi l'hauete dato?* à qui l'avez vous donné?

   Ces deux pronoms ont aussi leurs composez, comme *cheche ne sia*: quoi que c'en soit; *chiùnque*, quiconque; *qualcheduno*, *-na*, quelqu'un, quelqu'une.

VI. De quelques noms qu'on range encore parmy les pronoms.

Les Grammairiens mettent encore parmy les pronoms *ciascuno*, ou *ciascheduno*, chacun; *veruno*, personne; *niuno*, nul; *nessuno*, pas un; *alcuno*, quelque ou quelqu'un. Mais ce sont de veritables noms adjectifs, qui ont leur feminin en *a*; *alcuna*, *nessuna*, *niuna*, &c. Au plurier leur masculin est en *i*, & leur feminin en *e*, *alcuni*. aucuns; *alcune* aucunes; &c. suivant en tout la regle generale des adjectifs.

Altro, autre, fait au plurier *altri*: au feminin *altra*, plurier *altre*, en quoy il suit les regles generales des adjectifs.

Ses cas obliques se font d'*altrui* (par mesme analogie que *quale* les prend de *cui* cy dessus) *Ha bisogno d'altrui*, il a besoin d'autruy, de quelqu'un. *Dare altrui*, donner à quelqu'un. *Trovar altrui*, trouver quelqu'un.

Mais *altri* sert aussi de singulier indeclinable, *s'altri t'amasse*; si un autre vous aimoit.

Viver in altri, en se stesso morire.

Vivre en autruy, mourir en soy-mesme.

CHAPITRE VII.

Des Verbes.

LES Italiens ont des verbes auxiliaires, des actifs & des passifs comme les François.

On appelle verbes auxiliaires ceux qui peuvent servir à former certains temps dans les autres verbes. Il y en a deux, sçavoir *ho*, j'ay, pour l'actif; & *sono*, je suis, pour le passif.

Tous leurs verbes actifs peuvent estre reduits à trois conjugaisons qui se connoissent par l'infinitif.

La premiere prend A R E, amare.

La seconde ——— E R E, temére, leggĕre.

La troisiéme ——— I R E, sentire.

A V E R T I S S E M E N T.

Les Grammairiens marquent ordinairement icy quatre conjugaisons, distinguant *ére* long, d'*ĕre* bref, comme en latin: mais cette distinction ne cause point de diversité dans la formation des temps, laquelle seule neantmoins doit faire la difference des conjuguaisons.

Cet infinitif est la premiere chose qu'on doit remarquer dans les Verbes, parce qu'il est comme le fondement & la racine de tout le reste.

La seconde chose qu'il faut remarquer est le participe present qui est ordinairement actif, & qu'on peut nommer aussi Gerondif, comme *amando*, aimant.

Et la troisiéme, le participe passé qui est ordinairement passif, & qui se joint aux verbes auxiliaires pour former tout le verbe passif, & quelques temps mesme de l'actif, comme *ho amato*, j'ay aimé ; *sono amato*, je suis aimé, &c.

Hors cela les verbes Italiens ne sont composez que de sept temps simples ; sçavoir deux presens, trois imparfaits, un preterit, & un futur : ausquels il faut adjoûter l'imperatif, qui en toutes les langues doit estre consideré comme un espece de futur, parce que le commandement se fait toûjours dé l'avenir.

Les temps premiers sont INDICATIFS ; c'est à dire, qu'ils servent à indiquer ou montrer simplement les choses ; comme *amo*, j'aime : & les seconds sont SUBJONCTIFS ; c'est à dire, qu'ils les marquent avec dépendance de quelque autre chose precedente ou sous-entenduë ; comme *ami*, que j'aime ; *vedi*, que je voye ; c'est à dire, faites ou permettez que je voye, &c.

Le troisiéme imparfait est optatif, c'est à dire qu'il sert à marquer le desir. Ce qu'on peut remarquer & dans les verbes auxiliaires & dans les autres.

Les verbes auxiliaires se conjuguent ainsi.

HAVERE.

INFINITIF ; Havére, *avoir*, pris du latin *habere.*
PARTICIPE ACTIF ; Havéndo, *ayant* ou *qui a.*
PARTICIPE PASSIF ; Havúto, *eu*, pris de *habitum.*

Premier présent ou *Indicatif.*

Sing. Ho , hai , ha ; *j'ay* , &c.
  Poët. Haggio   have
Plur. Habbiámo , havéte , hanno.

Second présent ou *Subjonctif.*

Sing. Hábbia , habbi & hábbia , hábbia ; *que j'aye.*
Plur. Habbiámo , habbiáte , hábbiano & hábbino.

Premier imparfait ou *Indicatif.*

Sing. Havévo & va , havévi , havéva ; *j'avois.*
  ou havea
Plur. Havévamo , haveváte , havévano.
  ou havéamo , havévi , haveano.

Second imparfait ou *Subjonctif.*

Sing. Haveréi & ria , haveréfti , haverébbe , & ria;
  j'aurois ou *j'euffe.*
Plur. Haverémmo, haveréfte & -fti , haverébbono,
                     (& haveríano;

Troisiéme imparfait ou *Optatif.*

Sing. Havéffi , havéfti ; havéffe ; *j'euffe.*
Plur. Havéffimo , havefte & -ffi , havéffero.

Temps parfait ou *paffé.*

Sing. Hebbi & havéi , havéfti , hebbe ; *j'eu.*
Plur. Havémmo , havéfte & fti , hébbero.

Futur , ou *temps a venir.*

Sing. Haverò , haverái , haverà ; *j'auray.*
  ou haurò , haurái , haurà.
  ou harò , harái , harà.
Plur. Haverémo , haveréte , haveránno.
  ou haurémo , hauréte , hauránno.
  ou harémo , haréte , haránno.

Futur *Imperatif* ou *pour commander.*

Sing. Habbi , *aye* ou *ayez* , hábbia *qu'il ait.*
Plur. Habbiámo , habbiáte , hábbiano & habbino.
                                ESSERE

ESSERE,

INFINITIF. Essere *estre*, pris du latin *esse*.
PARTICIPE PRESENT. Esséndo *ou* séndo, *Estant ou qui est.*
PARTICIPE PASSE'. Stato , *esté, qui a esté.*

Premier présent ou *Indicatif.*

SING. Sono, sei, è, *je suis.*
PLVR. Siámo., siéte *ou* séte, sono.

Second présent ou *Subjonctif.*

SING. Sia; sii *ou* sia *&* sie ; sia *que je sois.*
PLUR. Siámo , síate, síano *&* síeno.

Premier imparfait ou *Indicatif.*

SING. Era *ou* ero , eri , era ; *j'estois.*
PLUR. Eravámo *ou* éramo ; eraváte *ou* eri ; érano.

Second imparfait ou *Subjonctif.*

SING Saréi *ou* saría, sarésti, sarébbe, *ou* saría; *je serois*
PLUR. Sarémmo, saréste *ou* sti; sarébbono *ou* saríano.

Troisiéme imparfait ou *Optatif.*

SING. Fossi, fossi, fosse; *je fusse.*
 ou Fussi , fussi , fusse.
PLUR. Fóssimo , foste, fossero *&* fossino,
 ou Fussimo, fusse, fússero *&* fússino.

Temps parfait ou *passè.*

SING. Fui, fusti, & fosti, fú; *j'ay esté.*
PLUR. Fummo , fuste *&* foste , fúrono.

Temps futur ou *à venir.*

SING. Sarò , sarái , sarà ; *je seray.*
PLUR. Sarémo , saréte , saramno.

D.

Futur Imperatif, ou *pour commander.*

Sing. Sii, fie & fia tu ; *fois* ou *foyez* : fie & fia colui : *qu'il foit.*

Plur. Siámo, fiáte, síano & síeno.

II. Quelques obfervations pour apprendre facilement à conjuguer.

Pour apprendre facilement à conjuguer , il eft avantageux de fe faire d'abord une image des temps , & fe l'imprimer dans l'efprit. Les remarques fuivantes ne ferviront pas peu à ce deffein , fi l'on prend la peine de voir l'exemple de chaque chofe , à mefure qu'on les lit , fur la table des conjuguaifons que j'ay mife en fuite.

La premiere perfonne de chaque temps fe forme toûjours de l'infinitif, changeant fa terminaifon en celle qui eft propre à ce temps , comme nous l'expliquerons plus particulierement cy-aprés dans les regles particulieres.

Le premier prefent a toûjours fa premiere perfonne en *o* , & le fecond l'a en *i* , & mefme en *a* dans les deux dernieres conjuguaifons.

La feconde finguliere peut eftre toûjours en *i* mais les deux dernieres conjuguaifons l'ont auffi en *a* au fecond prefent.

La premiere pluriere eft toûjours en *mo,* & dans les deux prefens en *iamo ,* fe formant de la feconde finguliere en *i* ; comme *ami , amiamo.* La feconde eft en *te* , & la troifiéme en *no* ou *ro.*

La feconde perfonne finguliere fert fouvent de feconde pluriere , fur tout au premier & au troifiéme imparfait : au lieu qu'au contraire en françois nous nous fervons de la feconde pluriere pour la feconde finguliere, comme *vous aimiez ,* pour *tu aimois.*

La marque des trois conjuguaisons, generale pour tous les temps, est la voyelle penultiéme de l'infinitif, A, E, I.

Le premier imparfait est en *vo* ou *va* : *amavo* ou *amava*, *vi*, *va* ; où l'*v* consonne tient lieu du *b* latin, *amabam*, *bas*, *bat*, &c.

Le second imparfait est en *rei* ou *ria*, & se conjugue par tout avec son *r* ; *resti*, *rebbe*, &c. de mesme qu'en latin *amarem*, *res*, *ret* ; & en françois *j'aimerois*, &c. gardent aussi cette consonne

Le troisiéme imparfait est en *ssi*, & retient par tout les deux *ss* ; *amassi*, *ssi*, *sse* ; de mesme qu'en françois *j'aimasse*, *tu aimasses*, &c. Il en faut excepter la seconde pluriere, qui, comme nous avons dit, est tóújours en *te* : & en ce temps particulierement en *ste* ; *amaste*, que vous aimassiez

Le futur en *ro*, & prend *rei*, *ra*, &c. gardant une *r* par toutes les personnes : de mesme qu'en françois *j'aimeray*, *tu aimeras*, &c. Sa troisiéme pluriere a tóújours deux *nn*; *ameranno*, ils aimeront; mais sa premiere n'a qu'une *m*, *ameremo*, nous aimerons: en quoy elle differe du second imparfait qui en a deux, *ameremmo*, nous aimerions. Ce qu'il faut bien remarquer, estant facile de s'y tromper. Sa seconde personne pluriere differe de la seconde du mesme imparfait, en ce qu'elle n'a point d'*s*, au que celle-là en a une ; *amerette*, vous aimerez ; *ameres̃te*, vous aimeriez.

La troisiéme personne pluriere se forme ordinairement de la troisiéme singuliere en tous les temps: *Ama*, il aime ; *amano*, ils aiment ; *amarebbe*, il aimeroit; *amarabbero*, ils aimeroient, &c. Il en faut excepter le present des deux dernieres conjuguaisons, où cette troisiéme se forme de la premiere singuliere: *vedo*, je voy ; *vedono*, ils voyent ; *sento*, je sens ; *sentono*, ils sentent, &c.

Le parfait est en *i*, & fait la seconde personne en

ſti, ſuivant l'analogie latin. Sa troiſiéme eſt ordinairement marquée d'un accent grave, eſtant termi-
née en *ò* pour la premiere conjuguaiſon , en *ĕ* pour
la ſeconde , & en *ì* pour la troiſiéme.

Au plurier ſa premiere perſonne eſt en *mmo* avec
deux *mm* , differant de celle du ſecond imparfait en
ce qu'elle n'a point d'*r*, & que celle là en a toûjours.
La ſeconde perſonne eſt en *ſte*, *amaſte* , & ne differe
en rien de celle du troiſiéme imparfait que par le ſens.
La troiſiéme eſt en *no* ou *ro*.

AVERTISSEMENT.

Toutes les perſonnes de la premiere conjuguaiſon qui ſont
terminées en *i* , ſe trouvent auſſi en *e* dans les anciens Auteurs,
comme

   Ahi crudo amor! ma tu all'or più m'informe,
   A ſeguir , &c. Petrar. 9. 3.

Au plurier , la premiere perſonne en *iamo* eſt quelquesfois en
em ; *ameme* , aimons , *ſcriveme* , écrivons.

Dans la ſeconde conjuguaiſon , on dit ſouvent au premier
Imparfait *ea* , *eamo* , *eano* , eu oſtant l'*v* conſonne , & meſme
dans la troiſiéme , *ia* , *iano* , & *ian* , pour *iva* , *ivano*,

TABLE DES CONJUGUAISONS.

INFINITIFS. GERONDIFS. PARTICIPES.

	INFINITIFS	GERONDIFS	PARTICIPES
Am	-are aimer	-ando, aimant	-ato, aimé.
Tem	-ere craindre	-endo, craignant	-uto, craint.
Sent	-ire sentir	-endo, sentant	-ito, senty:

SINGULIERS. PLURIERS.

	Io,	tu;	egli:	Noi,	voi,	eglinez
Am----	o	i	a:	iámo	áte	áno.
Tem---	o	i	e:	iámo	éte	óno.
Sent---	o	i	e:	iámo	íte	óno.

j'aime, &c.

	Io,	tu;	egli:	Noi,	voi,	eglinez
Am----	i	i	i:	iámo	iáte	íno.
Tem---	a / i	a / i	a / i:	iámo	iáte	áno & nou
Sent---	a / i	a / i	a / i:	iám	itte	áno & nou

Que j'aime, &c.

Am-	a	va			vate
Tem-	e	& vi	va:	vamo &	vámo
Sent-	i	vo			vi

Amabam, j'aimois, &c.

Am-	a	réi	rébbe:	rémmo	rébbono
Tem-	e	& résti	&	&	réste — rébbéro
Sent-	e / i	ria	ria:	rébbamo	riano

Amarem, j'aimerois, &c.

Am--	a	ffi	ffr	ffe:		fte — fsíno
Tem--	e				ffimo &	&
Sen--	i					ffi — fsëro.

Que j'aimaffe.

	Io,	tu;	egli:	Noi,	voi,	eglinez
Am-----	ái,	ásti	ö:	ámmo	áfte	àrono.
Tem----	éi	ésti	è:	émmo	élte	érono.
	etti		ette:			éttero.
Sent-----	i / ii	ffti	i:	ímmo	ífte	írno & írono

l'aimeray, &c.

Am-	a					
Tem-	e / e	rò	rái	rà:	rémo réte	ránno
Sent-	i					

l'aimeray, &c.

Imperatif.		Io,	tu;	Noi,	voi,	eglinez
	Am	a	í:	iámo	áte	íno
	Tem-	i	a:	iámo.	éte	áno & íno
	Sent-	i	a;	iámo	íte	áno & íno.

Aime, &c.

D. ii

CHAPITRE VIII.

Regles particulieres de la formation des temps.

Regle I: Formation des deux presens.

1. L'Infinitif ainsi nous donne
   Des temps la premiere personne.
2. Sa penultiéme (re s'ostant)
   Se change en o fait un present.
3. Mais si l'n pure la devance
   Vn g devant o l'on ajance :
4. Où l'l encor souvent prend gli.
5. R pure i devient. 6. C prend cci.
7. D'o faisant i, ou faisant a
   L'autre present se trouvera.

EXEMPLES.

1. L'Infinitif, comme nous avons dit, forme tous les temps du verbe. Ce qui se fait ainsi,

2. Ostant *re*, & changeant la penultiéme en *o*, l'on a le premier present; comme *ama-re, amo, vede-re, vedo, senti re, sento.*

3. Si avant cette mesme penultiéme il se rencontre une *n* pure, c'est à dire, détachée d'autre consonne; alors on met un *g* devant *o* au present, comme *tenere*, tenir, *tengo; venire*, venir, *vengo*: d'où par transposition l'on fait aussi *tegno, vegno*, pour rendre la prononciation plus douce.

4. L'*l* pure par mesme analogie prend aussi un *g* devant *o*, *dole-re*, se plaindre, *dolgo*: Mais pour plus grand adoucissement on fait aussi une transposi-

tion ; puis l'on y joint encore un *i* pour faire *gli*: ainsi *dolore*, *dolgo* fait *doglio*: Et de mesme *valere*, *vaglio*, pouvoir, valoir ; *volere*, *voglio*, vouloir. Mais à celuy-cy, l'on ne dit point *volgo*, parce que *volgo* signifie tourner, & non vouloir.

Ces verbes prennent aussi quelquefois un u *à certaines personnes*, duoli, duole, vuole, *&c. Ce qui est plus une raison d'orthographe, qu'une irregularité.*

5. Mais l'*r* pure de la penultiéme de l'Infinitif se change en *i* ; ainsi de *parere*, sembler, paroistre, vient *paio*, de morire, mourir, *moio*.

6. Et le *e* pur se redouble, prenant *ci* ; comme *piac-cere*, *piac-cio*, plaire.

7. Le second present se fait du premier, changeant *o* en *i*, ou en *a*, comme *amo*, j'aime, *ami*, que j'aime ; *vedo*, je voy, *vedi*, ou *veda*, que je voye.

Regle II. Exception pour les verbes en A R E, & pour les Monosyllabes.

1. Andare *fait* vaï, vo, va:
2. *Comme* Havere, ho, haï, ha ;
3. *Plurier en* anno *terminant :*
4. *Tout monosyllabe ainsi prend.*
5. Mais Fare, *faire*, *a* fo, faccio ;
   Fa, faï, faè ; facciámo.

E X E M P L E S.

1. *Andare*, aller, prend au present *vo*, je vas, vaï, va.

2. *Havere*, avoir, prend *ho*, *haï*, *ha*.

3. Leur 3. plur. est *en anno* ; *vanno*, ils vont, *hanno*, ils ont. Les deux autres pers. sont regulieres.

4. Et tous les monosyllabes se conjuguent encore de mesme, comme Do, *daï*, *da*, je donne ; Sto, *staï*, *sta*, je demeure, &c.

5. Mais *fare* faire a *fo* & *faccio* ; *fa* , *faï* & poët. *faï,*
ou mesme *face.* Plurier. *Facciamo , &c.*

L'imparfait est *faceva* , comme s'il venoit de l'infinitif entier *facere.*

Regle III. Exception pour les Verbes en E R E.

1. Potére, posso, puoi, *veut*
   Et po', pote, puoë, *il peut.*
2. *Mais* Douere, debbo , *s'applique.*
   Deggio-vo, deo *poëtique.*
3. Siedo , seggo, -ggio, --dere.
4. *Et* Cado, caggio, cadére.
5. Sapére *prend* fo *ou* faccio :
6. *Et* Dire *dire* , *veut* dico.
7. Trahere, trarre, traggo *fait.*
8. *Et* Torre, tolgo, toglio *met.*

E X E M P L E S.

1. *Potére* , pouvoir , fait *posso* , je puis) pris de *pos-*
sum latin) *puoï,* tu peux ; *puo* , ou *po* ; & *pote* , *puote,*
il peut.

Le reste est regulier. Plur. *potiamo* ou *possiamo,*
potete, possomo , sync." *ponno.*

Imparfait , *poteuo* & *va,* &c. 3. Plur. *euano,* & *eano.*
2. *Douere* , devoir , prend *debbo* & *deggo* : & mesme
deuo & *deo* dans les Poëtes. Cela posé , le reste est
facile. *Debbi , deui , & dei,* tu dois : *debbe , deue &*
dee, il doit. Plur. *Dobbiamo ,* nous devons ; *douete,*
vous devez ; *debbono , deuono ,* ou *deono ;* & dans les
Poëtes ; *deggiono , & denno ,* ils doivent.

Imparfait , *doueuo & eua* ou *ea.* Plur. *euamo , uate,*
uano , ou *douieno ,* ils doivent. *Ceste derniere personne*
rentre dans l'analogie du François.

3. *Sedere* , s'assoir fait *seggo ou seggio* , & *siedo* (pour

ſedo) tout le reſte dépendant de cette analogie, *ſiedi*; tû taſſieds ; *ſiede*, ou *ſede* il s'aſſied. Plur. *Seggiamo* ou *ſediamo*, *ſedete*, *ſeggono*, ou *ſiedono*.

Cadére, tomber, fait de meſme *cado*, *di*, *de*; *diamo*, &c. & encore *caggio*, *caggiamo*.

5. *Sapére*, ſçavoir, fait *ſo* ou *ſaccio*, poët. De *ſo* vient, *ſaï*, *ſa*. 3. Plur. *ſanno*, comme les monoſyllabes. De *ſapére* vient regulierement *ſape*. il ſçait, *ſappiamo*, nous ſçavons, & *ſapete*, vous ſçavez.

6. *Dire* (pour *dicere*) fait *dico*, rentrant dans l'analogie latine ; au lieu que *dire*, ſuit le françois, *dire*. 2 perſ *di*, *dici*, 3. *dice* Plur. *diciamo* & *emo*, *dite*, *dicono*.

7. *Trahere*, ſync. *trarre*, traîner, tirer ; fait *traggo*. Plur *trahemmo* (de *trahere*) 3. *traggoma*, (de *traggo* 8. De meſme *torre*, pour *togliere*, prendre, fait *tolgo* & *toglio*, &c.

Regle IV. Des Verbes en IRE.

IRE fait ISCO *tres-ſouvent.*
D'où quatre perſonnes on prend;
Sçavoir les trois du ſingulier,
Et la troiſiéme du plurier.

EXEMPLES.

Beaucoup de verbes en *ire* font leur preſent en *iſco*; comme *gemire*, gemir, pleurer, *gemiſco* : & non *gemo* qui vient de *gemere*, couler, degoutter : quoy que les Poëtes le prennent auſſi pour *gemiſco*.

Et alors ces verbes ſe conjuguent de telle ſorte, que les trois perſonnes du ſingulier & la troiſiéme du plurier ſuivent cette analogie du dérive en *iſco*, au lieu que les deux autres perſonnes du plurier ſe forment regulierement de l'infinitif ſimple, tant au premier preſent, qu'au ſecond, & à l'imperatif, comme

1. *Pref.* Gemisco, sci, sce. *Plur.* Gemiamo, ite, iscono, *gemir, pleurer.*

2. *Pref.* Gemisca, sca, sca. *Plurier* iamo, ite, iscano. *Imperat.* Gemisci, sca. *Plur.* amo, ite, iscano. Et de mesme des suivans.

Abborire, *avoir en horreur.*	Fornire, *achever.*
Adempire, *accomplir.*	Fiorire, *fleurir.*
Addolcire, *adoucir.*	Forbire, *fourbir, polir.*
Aggradire, *agréer, a en la 3. d. sing. du 1. present aggra-* **disce** *& aggrada, & u u-* **tur aggradirà,** *e aggrade-* **tà: dans le reste il a comme les autres.**	Gioire, *se réjouir, jouir.*
Alleggerire, *soulager.*	Gradire, *agréer, comme ag-gradire.*
Ammonire, *avertir.*	Impallidire, *devenir pasle.*
Annighittire, *aneantir*	Impazzire, *devenir fou.*
Apparire, *paroistre.*	Impedire, *empescher.*
Ardire, *oser.*	Inasinire, *devenir stupide.*
Attribuere, *attribuer.*	Ingagliardire, *devenir fort.*
Auuertire, *prendre garde, re-marquer.*	Ingerire, *s'ingerer, se mesler.*
Auuilire, *devenir méprisable.*	Ingobbire, *courber, rendre bossu.*
Bollire, *Bouillir.*	Ingrandire, *aggrandir.*
Capire, *comprendre, entendre.*	Insuperbire, *devenir superbe.*
Chiararsi, *s'éclaircir.*	Languire, *languir.*
Colorire, *colorer.*	Mentire, *mentir.*
Comparire, *comparoistre.*	Mollire, *adoucir.*
Compatire, *avoir compassion.*	Nutrire, *nourrir.*
Concepire, *concevoir.*	Offerire, *offrir.*
Condire, *confire, ou assaisonner.*	Ordire, *ourdir, commencer.*
Conseguire, *conquester, ou ob-tenir.*	Patire, *patir.*
Definire, *definir.*	Perire, *perir.*
Differire, *differer*	Piatire, *plaider.*
Digerire, *digerer.*	Proferire, *proferer.*
Emplire, *emplir.*	Prohibire, *défendre.*
Essaudire, *exaucer.*	Punire, *punir.*
Esseguire, *executer*	Rapire, *ravir, prendre.*
Fallare, *faillir.*	Riverire, *reverer.*
Favorire, *favoriser.*	Salire, *saillir & monter.*
Ferire, *frapper, blesser.*	Sbigottire, *s'estonner, perdre courage.*
Finire, *finir.*	Scolpire, *sculpere, entailler, graver.*
	Sdruscire, *découdre, deslier, rompre, separer.*
	Sepelire, *ensevelir.*

Singoltire, *sangloiter, jetter de*
  grands souspirs.
Sminuire, *diminuer.*
Soffrire, *souffrir.*
Sorbire, *engloutir, avaller.*
Sobuertire, *subvertire, détrui-*
  re, renverser.
Spedire, *expedier.*
Stabilire, *establir.*
Stordire, *estourdir.*

Stornire, *faire bruit, brouir.*
Stupire, *s'estonner.*
Suggerire, *suggerer.*
Supplire, *supplier.*
Tradire, *trahir.*
Trasgredire, *transgresser.*
Ubbedire, *ou* obbedire, *obeïr*
  au parti ipe il a ubbidiendo,
  & obbediendo.
Unire, *unir.*

Regle V. De la formation des Imparfaits & du futur.

1. *En* VO, REÏ, SSI, *changeant* RE,
   Trois Imparfaits je formeray:
2. *Mais le futur on trouvera*
   RE *changeant en* RO, raï, ra.

EXEMPLES.

1. Les trois imparfaits se forment encore de l'Infinitif, changeant *re* en VO, ou *va; rei & ssi*; comme d'*Ama-re* se fait *ama-uo*, ou *va*, j'aimois; *ama-rei*, j'aimerois; *amassi*, que j'aimasse. De *sentire*, *senti-uo*, ou *va*, *senti-rei*, *senti-ssi*, &c.

2. Le futur se forme changeant *re* en *ro*, & se conjugue par *ai, a: Amarò, amarai, amarà*; &c. Souvent la penultiéme se change en *e* dans la premiere conjugaison, *amerò*.

Regle VI. Generale pour la formation du Preterit, & du Participe passif.

1. *D'*ARE, *vient* aï, *comme* ato,
2. *D'*ERE, eï, etti, uto
3. IRE, *de mesme* i, ito *donne.*
4. *Plusieurs ont* i, *doublant consonne.*

EXEMPLES.

Le preterit parfait est toûjours en *i*, & le participe paſſif en *to*. Pour les former,

1. Dans la PREMIERE Conjuguaiſon l'on change *re* de l'infinitif en *i*, & en *to* ; comme *Amare*, *amai*, *amato*.

2. Dans la SECONDE, *re* ſe change auſſi en *i* ; comme *Rendere*, rendre, *rendei*. Mais pluſieurs changent auſſi *ere* en *etti*, comme *godere*, ſe réjouïr, jouïr, *godei*, *godetti*. Et ceux-cy comme encore pluſieurs autres ont *uto* au participe ; comme *goduto*, *&c.*

3. Dans la TROISIE'ME ; d'*ire* ſe fait *i*, par deux *ii*, ou par un ſeul ; comme *ſentire*, *ſentii*, ou *ſenti*, entendre : Le participe eſt en *ito*, *ſentito*.

4. Pluſieurs auſſi font leur preterit en *i*, en redoublant leur conſonne figurative ; comme *Cadere*, cheoir, *caddi*, (qui prend auſſi *cadei* & *cadetti*, par la regle precedente.) *Tenere*, tenir, *tenni*. *Volere*, vouloir, *volli*, (& meſme *volſi*, par la R. ſuivante) *Vedere*, voir, *veddi* ou *viddi*. Mais leur participe ne redouble pas cette conſonne, *caduto*, *tenuto*, *voluto*, *veduto*.

Et de meſme *venire*, venir, *venni*. *Bere*, ou *beure*, boire, *beuui*.

EXCEPTIONS POUR LE PRETERIT.

Regle VII. De ceux qui font SI, SO, ou SI, TO; qui perdent *n*; ou qui ſuivent le Latin.

1. *Pluſieurs en* DO, RO, *font* SI, SO :

2. *En* GO, GLIO, VO, *font* SI, TO.

3. *Terminaiſon par* ss *doublant*

4. GGO, *ou* TTO, *le meſme faiſant*.

5. NDERE *perd* n *comme en* fuſi.

6. *Le Latin ſert de regle auſſi*.

EXEMPLE

1. Les Verbes en D O & en R O font *ſi* au preterit :
& *ſo* au participe. Comme
Ardĕre, ardo, arſi, arſo, *brûler.*
Chiudere, chiudo, chiuſi, chiuſo, *fermer.*
Decidere, decido, deciſi, deciſo, *decider.*
Correre, corro, corſi, corſo, *courir.*
Scorrere, ſcorro, ſcorſi, ſcorſo, *parcourir.*
2. Ceux en C O, G O, GLIO, & V O, font SI, TO,
comme,
Vincere, vinco, vinſi, vinto, *vaincre.*
Cingere, *ou* cignere, cingo, cinſi, cinto, *ceindre.*
Porgere, porgo, porſi, porto, *preſenter.*
Spegnere, ſpegno *ou* ſpengo, ſpenſi, ſpento, *éteindre.*
Sorgere, ſorgo, ſorſi, ſorto, *ſe lever.*
Volgere, volgo, volſi, volto, *tourner.*
Volere, voglio, *&* vo; volſi, *mais plûtoſt* volli, (*cy-
deſſus* R. 6) *vouloir.*
Cogliere, colgo, colſi, colto, *cueillir.*
Salire, ſalgo, *ou* ſaglio, ſalſi, ſalito, *monter.*
Togliere, tolgo, *ou* toglio, tolſi, tolto, *oſter.*
3. Lors que la terminaiſon eſt pure en ceux-cy, c'eſt
à dire, qu'il y a une voyelle devant *do, ro, go, co, glio,*
&c. l'*ſ*, ſe double au preterit, & par conſequent l'*ſ*,
ou le *t* au participe ; comme
Concedere, concedo, conceſſi, conceſſo, *accorder.*
Cuocere, cuoco, coſſi, cotto, *cuire.*
Dire, (*pour* dicere) dico, diſſi, detto, *dire.*
Muovĕre, muovo, moſſi, moſſo, *remuër.*
Scrivere, ſcrivo, ſcriſſi, ſcritto, *écrire.*
Vivere, *vivre, prend auſſi* viſſi ; *mais il a* vinuto *&*
viſſuto, *au participe.*
4. Ceux en GGO & TTO en font de meſme, à cauſe
de la double conſonne du preſent : ainſi,
Friggere, friggo, friſſi, fritto, *frire, fricaſſer.*
Leggere, leggo, leſſi, letto, *lire.*

E

Trarre, (*pour* trahere,) traggo, trassi, tratto, *attirer, faire venir*

Mettere, metto, messi, messo, *mettre.*

Riflettere, rifletto, riflessi, riflesso, *faire reflexion.*

Où l'on voit que ce n'est qu'un adoucissement de l'analogie Latine ; qui faisant xi & xo, ou &cto, l'Italien les change en ssi, sso, on tto, *suivant l'analogie que nous avons marquée cy dessus*, chap. 2.

5. L'*n* se perd souvent dans le preterit & le participe, sur tout dans les verbes en *ndere*, comme

Fondere, fondo, fusi, fuso, *fondre.*

Fendere, fendo, fesi, feso, *fendre.*

Prendere, prendo, presi, preso, *prendre.*

Scendere, scendo, scesi, sceso, *descendre.*

Spendere, spendo, spesi, speso, *dépenser.*

Tendere, tendo, tesi, teso, *tendre.*

Nascondere, nascondo, nascosi, nascoso, & nascosto, *cacher.*

6. Plusieurs verbes se reglent par l'analogie latine, en adoucissant seulement, ou changeant fort peu de chose : cela paroist en divers exemples des verbes mis cy-dessus. En voicy encore d'autres.

Rompere, rompo, roppi, rotto, *rompre.*

Scuotere, (*pris de* quatere) scuoto, scossi, scosso, *secoüer.*

Porre, *pris de* ponere, *mettre*, pongo, posi, posto: *par sync. pour* posui, posito.

Ainsi l'on dit *persuasi de persuado*, persuader, *morto de mortuo*, mort. Et semblables.

Regle VIII. De quelques verbes particuliers.

1. *Ceux en* CCIO *font au parfait* CQVI;

2. Nascere, *naistre*, *aussi* nacqui.

3. *Et* BBI *veut* haveré *avoir*,
     Ainsi que piovere, *pleuvoir.*

Ioins crescere, conoscere :
Seppi *de mesme a* sapére.
4. Vedere, vidi, *fait* visto ;
Compire, compiesti, -pito.

EXEMPLES.

1. Ceux en CCIO font CQUI au preterit. *Ce qui n'est presque qu'un adoucissement. Car le* q *est pour le* c ; *& l'u est inseparable du* q.

Pour le participe ces verbes & la plufpart des suivans, rentrent dans l'analogie des regles precedentes.

Piacere, piaccio, piacqui, piaciuto ; *plaire.*
Nuocere, noccio *&* nuoco, nocqui ; *nuire.*
Tacere, taccio, tacqui, taciuto ; *se taire.*

2. *Nascere*, naistre, fait aussi *nacqui*, parce qu'on a dit autrefois, *nascio*, pour *nasco.* Au participe, il a *nato*, pris du Latin.

3. Ceux-cy font *B B I*, suivant encore le redoublement de la consonne figurative. Car le *b* tient lieu de l'*u* consonne de l'infinitif.

Havere, ho, hebbi, havuto ; *avoir.*
Piovere, piouo, piobbi, (*ou* piouui) piouuto ; *pleuvoir.*

On y joint encore ceux-cy en *scere.*

Crescere, cresco, crebbi, cresciuto ; *croistre.*
Conoscere, conosco, conobbi, conosciuto ; *connoistre.*

Sapére, sçavoir, *a seppi* par la mesme analogie, changeant seulement l'*a* en *e* à la premiere syllabe.

4 *Vedére*, voir, *vedo*, ou *veggio*, ayant *veddi & viddi*, par le redoublement de sa consonne, fait *visto*, par cette regle, & encore par la regle 6. n 2.

Regle IX. Des Verbes qui ont plusieurs Preterits.

Plusieurs verbes de parfait changent,
Sous diverses Regles se rangent.

EXEMPLES.

Il faut icy prendre garde qu'un mesme verbe peut souvent former divers preterits & divers participes, ayant rapport à diverses regles. Nous en venons de voir des exemples cy-dessus, en voicy encore d'autres.

Fondere, *fondre*, fondo, fondei, fonduto, *par la regle generale :* fusi, fuso, *par la regle 7. n. 5*

Fendere, *fendre* . fendo, fendei, *par la regle generale :* fesi, feso, *par la regle 7. n. 5.*

Pendere, *pendre*, pendo, pendei, -uto, *par la regle generale :* pesi, -so, *par la regle 7. n. 5.*

Solvere, *absoudre*, solvo, solvei, *regle generale :* solsi, soluto, *regle 7. n. 2*

Mordĕre, *mordre*, mordo, mordei, -detti, -duto; *regle generale :* morsi, -so, *regle 7. n. 6.*

Beuĕre, *ou* bere; *boire*, beuei, -uetti, -uuto : *regle generale n. 2. &* beuui, *par la mesme regle n. 4.*

De mesme Paio *fait* parsi, parso, *suivant l'analogie des verbes en* ro, *regle 7. n. 1 parce qu'on devroit dire* paro *pris de* parere, *paroistre : Il a* parui *suivant l'analogie latine, regle 7. n. 6. & encore* paruto *, par la regle generale n. 2.*

Moro, *mourir, fait* mori; *par la regle, 7. n. 1. Et il a* morto, *pris de* mortuo ; *par la mesme regle n. 6*

AVERTISSEMENT.

Il suffit de remarquer cecy en general. Ayant une fois conceu l'idée de ces regles, elles nous feront aussi-tost connoistre l'analogie de ces divers preterits, & de ce qu'il y a mesme de plus remarquable dans l'irregularité des autres temps; & l'exercice ensuite nous rendra tout facile. C'est la difference qu'il y a en re les langues mortes & les vivantes, que l'usage estant bien plus vaste dans celles-cy, les regles en doivent estre beaucoup plus succinctes, parce que cet usage supplée à tout ce qu'un embarras de regles ne pourroit expliquer que d'une maniere tres-ennuyeuse & tres-imparfaise.

Regle X. Pour la conjuguaison du Parfait.

Dans le parfait, l'analogie
N'est pas la mesme en tout suivie.
Car sur la premiere personne,
Les deux troisiémes on ordonne :
Le reste regulierement
L'infinitif toûjours formant.

E X E M P L E S.

Ce que nous avons dit au commencement des conjuguaisons est suffisant pour conjuguer les autres temps en toutes leurs personnes. Mais le parfait est plus difficile. Car il faut bien remarquer que ce temps recevant beaucoup plus d'irregularitez en sa formation que les autres ; il a encore cela de particulier, qu'il ne garde pas toûjours la mesme analogie dans toutes ses personnes.

De la 1. pers. sing. viennent les troisiémes tant singuliere que pluriere, & le reste se forme toûjours de l'infinitif ; ainsi.

Cadere, cheoir, fait *cadei, caddi, cadetti,* je tombay, d'où vient *cade, cadde, cadette,* il tomba; plur. *cade-reno* ou *caderno, caddero, cadettero,* ils tomberent. Mais de *cadére* mesme vient *cadésti,* tu tombas, *cademmo* nous tombasmes, & *cadeste,* vous tombâtes. Et ainsi des autres, dont on trouvera assez d'exemples dans la liste suivante.

CHAPITRE IX.

Liste des verbes irreguliers.

APRES avoir compris les verbes irreguliers sous des regles generales & analogiques , autant qu'il m'a esté possible (ce que personne que je sçache n'avoit encore fait en cette langue) j'en donneray icy une liste alphabetique , afin qu'on les puisse trouver plus aisément lors qu'on en a à faire. Je les distingueray suivant la terminaison de l'Infinitif. Mais pour le Preterit je me contenteray souvent d'en marquer la premiere personne , parce qu'aprés cela il est facile de former les autres , suivant la regle que en viens de donner.

I. Dans la premiere Conjuguaison en A R E.

ANDARE, *aller.* 1. PRESENT, Vu *&* vado , vai , va. *Plur.* Andiamo, andate, vanno. 2. PRESENT. Vada, a, a , *Plur.* Andiamo , iate, vadino. *En ce verbe pour* andare , andate, andava , *&* andato , *les Poëtes usent fort de* gire , gite , giva, gito. FUT. Anderò, *&* andrò. IMPERAT. Va , vada, andiamo , &c

Ce verbe-cy est fort en usage reciproquement avec la particule *ne* , tout de mesme qu'en François , & lors il a ainsi à l'Imperatif : *Vattene* , allez-vous-en , *ch' egli sene vada,* qu'il s'en aille : *andiancene,* allons-nous-en ; *andatevene,* allez-vous-en : *ch'essi sene vadino,* qu'ils s'en aillent.

DARE, *donner.* 1. PRES. Dò, dai , da : *Plur.* Diamo , date, danno. 2. PRES. Dia , dia, *ou* dii , dia. *Plur.* Diano, diate, diano *&* diino ; IMPARF. Dessi , dessi , desse, *Plur.* dessimo, deste *&* dessi; dessino *&* dessero PRETER. Diedi *&* detti, d_vetti, die te,*&* dette, *Plur.* demmo, deste *&* delti, diedero, *&* dettero. FUT. Darò. IMPERAT. Di , dia colui. *Plur.* diamo , date , diano coloro.

FARE, *faire.* 1. PRES. Fo *&* faccio,fai, fa. 1. *Plur.* facciamo, fate , fanno. 2. PRES. Faccio, 1. IMPARF. Faceva, vi, va. 2. IMPARF. Farei *&* faria. 3. IMPARF. Facessi PRETER. Feci *&* fei , facesti, *&* festi , féce, *&* fe. *Plur.* Facemmo, faceste, fecero, FUT. Farò. IMPER. Fa, faccia. *Plur.* facciamo, fate, facciano, & faccino coloro. PART. ACT. Facendo. PART. PASS. Fatto.

STARE, *eſtre, ſe tenir, demeurer, ſe porter.* 1. PRES. Stò, ſtai, ſta. *Plur.* ſtiamo ſtate, ſtanno. 2. PRES. ſtia, ſtia ou ſtii, ſtio. *Plur.* Stiamo, ſtiate, ſtiano, & ſtiino. 3. IMPARF. Stelſi. PRET. Stetti, ſteſti, ſtette. *Plur.* Stemmo, ſteſte, ſtettero. FUT. Srarò, IMPER. Sta, ſtia colui. *Plur.* ſtiamo, ſtate, ſtiano, & ſtiino coloro.

II Dans la Conjuguaiſon en E'RE.

Je diſtingueray dans cette liſte ēre *long, d'avec* ĕre *bref; non, que cela faſſe deux conjuguaiſons differentes, comme j'ay remarqué cy-deſſus, mais parce que cela pourra ſervir de regle à ceux qui ne ſçavent pas encore les diſtinguer, & que d'ordinaire ceux en* ére *long ont plus d'irregularité que les autres.*

E'RE *long.*

ASSEDE'RE, *s'aſſeoir,* Aſſeggo, aſſiſi, aſſeduto & aſſiſo. *V.* Sedere.

CADE'RE, *cheoir, tomber.* 1. PRES. Cado & caggio, cadi, cade. *Plur.* cadiámo & caggiámo, cadéte, cadono, & caggiono. 2. PRES. Cada & caggia. PRET. Cadei, caddi, & cadetti, tu cadeſti; egli cadě, cadde, & cadette. *Plur.* cademmo, cadeſte, caderono, caddono, caddero, & cadettero. IMPERAT. Cadi, cadda, & caggia; *Plur.* cadiamo, cadere, cadino. PARTIC. Caduto.

CAPE'RE, *prendre, comprendre, eſtre compris ou contenu, avoir lieu.* 1. PRESENT. Capio, & capiſco, *olus uſité,* capi, cape, & capiſce. *Plur.* capiamo, capíte, capiono, & capiſcono. IMPARF. Capiua, & capia.

DOLE'RE, *faire mal, dolerſi, ſe plaindre.* 1. PRES. Doglio & dolgo, doli, *ou* duoli, dole *ou* duole. *Plur.* dogliamo, dolete, dolgono & dogliono. 2. PRES. Dolga & doglia. PRET. Dolſi, & dolei. FUT. Dolerò *ou* dorrò. IMPER. Doglia, colui doglia & dolga. *Plur.* dogliamo, dolete, dolgano.

DOVE'RE, *devoir,* 1. PRES. Debbo & deuo. *Poët.* deggio & deo, debbi & deui, deue, dee, & debbe. *Plur.* dobbiamo, douete, deuono, debbono, *ou* deono: & *en Poëſie,* deggiono & denno. *Les perſonnes les plus uſitées ſont,* deuo, deui, deue, deuono. 2. PRES. Debba *Plur.* debbiamo, debbiate, debbano, PRET. Douei, & douetti, doueſti, douette. *Plur.* douemmo, douelte, douettero, & douerno. FUT. Douerò & dourò.

GIACERE, *eſtre par terre,*

1. PRES. Giacio, ci, ce, *Plur.* ciamo, cete, ciono. PRET. Giacqui. giacesti, giacque, *Plur.* giacemmo, giaceste, giacquero. PART. Giaciuto.

GODERE, *joui, se réjouir.* PRET. Godei & godetti.

PARERE, *sembler.* 1. PRES. Paio, pari, pare, & par. *Plur.* paiamo, parete, paiono. IMPART. Pareua, va, & ea. PRET. Parui, & parsi, -sti; parue & parse *Plur.* paremmo, pareste, paruero, & parsero. FUT. Parerò & parrò. IMPER. Paia. *Plur.* paiamo, parete, paiano coloro. PART. Paruto & parso.

PIACERE, *plaire.* 1. PRES. Piaccio, piaci, piace. *Plur.* piacciamo, piacete, piacciono. PRET. Piacqui, piacesti, piacque *Plur.* piacemmo, piaceste, piacquero. PARTIC. Piaciuto.

POTERE, *pouvoir.* 1. PRES. Posso, puoi, può, *ou* pò, puote, pòte, & puoe, *il peut Plur.* possiamo, *ou* potiamo, potere, possono & ponno. 2. PRES. Possa. *Plur.* possiamo, *ou* potiamo, possiate *ou* -ciate, possano, *ou* possino. PRET. Potei & potetti, potesti, puote, & potette. *Plur.* potemmo, poteste, poterono *ou* potettero. FUT. Potrò. *Plur.* potremo, potrete; potranno & poteranno. PART. Potuto & possuto.

PUOTE, *signifie il peut, au present;* Puotè *avec le grave, il pût, au preterit.*

RIMANERE, *demeurer.* 1. PRES. Rimango, rimani, rimane. *Plur.* rimanghiamo, rimanete, rimangono. 2. IM-

PARF. Rimarrei & rimarria. PRET. Rimasi, & *par fois* ansi. FUT. Rimarrò. PARTIC. Rimaso, & rimasto.

SAPERE, *sçavoir.* 1. PRES. So, & *quelquefois* saccio, sai, sà, & sape. *Plur.* sappiamo, sapéte, sanno & sapino. 2. PRES. Sappia. PRET. Seppi, -esti. 3. *Plur.* seppero & seppono. FUT. Saprò. IMPAR. Sappi, sappia. *Plur.* sappiamo, sappiate, sappiano, & sappino.

SEDERE, *seoir, estre assis.* 1. PRES. Seggio. & siedo, siedi, & sedi, siede & sedi. *Plur.* sediamo, & *par fois* seggiamo, sedéte, seggono & siedono. 2. PRES. Sieda, & segga: *Plur.* sediamo & seggiamo: sediate & seggiate: siedano *ou* seggiano & seggano. PRETER. Sedei & sedetti, sedettero, & siederno. IMPER. Siedi tu, segga & sieda colui. *Plur.* sediamo, seggano, & siedano coloro.

SOLERE, *avoir coustume.* 1. PRES. Soglio, suoli, sole, & suol. *Plur.* sogliamo, solete, sogliono. 2. PRES. Soglia. *Il n'a point de parfait, mais il en forme un avec le verbe* sono, *(je suis) & le participe* solito *de mesme qu'on dit en Latin,* solitus sum.

SVADERE, *conseiller.* PRET. Suasi. PARTIC. Suaso.

TACERE, *taire.* 1. PRES. Taccio, taci, tace. *Plur.* tacciamo, tacete, tacciono. PRET. Tacqui, tacesti, tacque *Plur.* tacemmo, taceste, tacquero. PART. Taciuto.

TENERE, *tenir.* 1. PRES.

Tengo *&* tegno, tieni, tiene.
Plur. teniamo *ou* gniamo, *&*
-ghiamo, tenete, tengono.
2. PRES. Tenga. *Plur.* teniamo, teniate, tengano, & ten-
ghino. PRET. Tenni, -esti, -e;
Plur. tenemmo, -este, tennero.
FUT. Terrò. IMPER. Tieni.
& tien, tenga colui. *Plur.* teniamo, & -ghiamo, tenete,
tengano, *&* ghino.

VALERE, *valoir.* 1. PRES.
vaglio, vagli *ou* vali, vale, *&*
val. *Plur.* vagliamo, valete, va-
gliono. 2. PRES. Vaglia. 2. IM-
PARF. Valerei & varrei. PRET.
Valsi. FUT. Valerò *&* varrò.
L'Imperatif n'est point en u-
sage, PARTIC. Valuto *&*
valso.

VEDERE, *voir.* 1. PRES. Vedo, veggo *ou* veggio, *&* vedo;
vedi, vede. *Plur.* vediamo, *&*
veggiamo, vedete, vedono, *&*
veggono, *ou* veggiono. PRET.
Vedei, veddi, vidi, *&* viddi,
FUT. Vederò *&* vedrò. IMPER.
Vedi tu, vegga *ou* veda colui.
Plur. vediamo, vedete, veda-
no, *&* vedino, *&* veggano, *&*
veggino. PART. ACT. Veden-
do, *&* *quelquefois* veggendo.
PARTIC. PASS. Veduto *&*
visto.

VOLE'RE, *vouloir,* 1. PRE-
SENT. Voglio, *&* vvo; vvoi,
vvole, *&* vvol. *Plur.* vogliamo, volete, vogliono. 2. PRES.
Voglia. 1. IMPARF. Vorrei.
PRET. Volsi, *ou plûtost* volli;
l'autre appartenant propre-
ment au verbe volgere. FUT.
Vorrò. IMPER. Vogli, tu, voglia colui. *Plur.* vogliamo,
vogliate, vogliano *&* voglino
coloro.

III. Ḝ R E *bref.*

Je me contenteray de mettre icy dans la pluspart de
ces verbes l'Infinitif, le Present, le Preterit, & le par-
ticipe passif : le reste ne pouvant faire aucune peine,
& ayant déja esté touché dans les regles precedentes.

ACCENDERE, accendo, ac-
cesi, acceso, *allumer.*

ACCORGERSI, accorgo, ac-
corsi, accorto ; *s'appercevoir.*

ACCRESCERE, accresco,
accresciuto ; *accroistre,* PARF.
Accrebbi, accrescesti accrebbe; accrescemmo, accresceste,
accrebbero.

ADDURRE, *amener, suit son*
primitif, DURRE.

AMMETTERE, ammetto,
ammessi, ammesso, *admet-*
tre.

AFFLIGGERE, affliggo,
afflissi, afflitto ; *affliger.*

ANCIDERE, ancisi, anciso; *tuer.*

APPENDERE, appesi, appe-
so ; *pendre.*

ARDERE, arsi, arso; *brûler.*

ARRENDERSI, arresi, arreso;
se rendre.

ASCENDERE, ascesi, asceso;
monter.

ASCONDERE, ascosi, ascoso;
cacher.

ASSOLVERE, assoluei, assoluto, *absoudre*.

ATTENDERE, attesi, atteso; *estre attentif, avoir soin, prendre garde*.

BATIERE, battei, battuto; *battre*.

BERE, (*pour bévere*) Beuo & beo, vi, ve, *Plur.* -viamo, -vete, -vono. Beueua: Beuei & beuui: Beuerò: Beuuto; *boire*.

CEDERE, cedo, cedei & cedettei, ceduto; *ceder*.

CHIEDERE, chiedo, & chieggo, *ou* chieggio, di, de. *Plur.* diamo, dete, dono, & -ggono, PRET. Chiesi, & chiedetti. PART Chieso, *ou* chiesto; *demander*.

CHIUDERE, chiusi, chiuso; *fermer*.

CIGNERE, *ou* cingere, cingo, gi, ge. *Plur.* giamo, gete, gono. PRET. Cinsi. PART. Cinto; *ceindre*.

COGLIERE, *ou* corre, coglio & colgo, gli, glie : *Plur.* -gliamo, -gliete, gliono. PRET. Colsi. FUT. Corrò, & coglierò 2. PRES. Coglia, & colga, PARTIC. Colto; *cueillir, prendre, surprendre*.

COGNOSCERE, *Voyez* conoscere.

CONCEDERE, concedei, & concedetti, conceduto, & concesso, *accorder, ottroyer*.

CONDUCERE, *ou* condurre, *conduire, suit le primitif,* DURRE.

CONFONDERE, confondei, & confusi; confuso; *confondre*.

CONOSCERE, conosco, conobói, conosciuto; *connoistre*.

CORREGGERE, correggo, corressi, corretto; *corriger*.

CORRERE, corsi, corso; *courir*.

CREDERE, credei, & credetti, creduto; *croire*.

CRESCERE, cresco: crebbi, crescetti, crebbe: cresciutto; *croistre*.

CROCIFIGGERE, crocifiggo, crocifissi, crocifisso : *crucifier*.

CUOCERE, cuoco, ci, ce *Plur.* cociamo, cocere, cuocono. IMPARF. Coceua. PRET. Cossi, cocesti, cosse. *Plur.* cocemmo, coceste, cossero. PART. ACT. Cocendo & cocente, PASS. Cotto; *cuire*.

DECIDERE, decisi, deciso; *decider*.

DEDURRE, *déduire* : *Voyez* DURRE.

DIFENDERE, difesi, difeso; *défendre*.

DISCERNERE, discernei, & discernetti; *discerner*.

DISPERDERE, dispersi, disperso; *épandre, disperser*.

DISPORRE, *disposer, suit le primitif* PORRE.

DISTENDERE, distesi, disteso; *étendre*.

DIVIDERE, divisi, diviso; *diviser*.

DURRE *pour* ducere. PRES. Duco. IMPAR. Duceua. PRET. Dussi. FUT. Durrò. PARTIC. dotto; *mener. Le reste se fait de l'Infinitif,* ducere, *selon les regles generales*.

ERGERE, ergo, ersi, erto; *élever, dresser*.

ESPRIMERE, espressi, espresfo, *&* efprimuto; *exprimer.*

ESCLUDERE, efclufi, efclu-fo; *exclure.*

ESTINGUERE, eftinfi, eftin-to; *éteindre.*

FENDERE, fendei, fendetti, feffo, *&* fenduto; *fendre.*

FIGERE, figo, filli, fiffo; *ficher.*

FINGERE, fingo, finfi, finto; *feindre.*

FRANGERE, frango, franfi, fratto; *rompre. Delà vient le participe* franto, *froiffé.*

PREMERE, fremei *&* fremet-ri, fremuto; *fremir.*

FRIGGERE, frigo, frilli, fritto; *frire.*

FONDO, fufi, fufo; *verfer, fondre.*

GEMERE, gemei, *&* gemet-ti, gemuto; *couler, degoutter. Mais* gemire, *eft gemir, pleu-rer.*

GIVNGERE *&* giugnere, giungo, gi, ge. *Plur.* giamo, gete, gono. PRET. Giunfi. PART. Giunto; *arriver, abor-der, attraper quelqu'un, le joindre.*

IMMERGERE, immerfi, im-merfo; *plonger.*

INDURRE,, *perfuader, tirer induction, voyez* Durre.

INFINGERE, *feindre, faire femblant, voyez* Fingere.

INTENDERE, intefi, intefo; *entendre.*

INTINGERE, intignere, in-tinfi, intento; *tremper, faulfer.*

INTRODURRE, *introduire, comme* Durre.

LEGGERE, lego, leffi, letto; *lire.*

LUCERE. 1. PRES. Luco, luci,

ce *Plur.* ciamo, cete, cono. 2. PRES. Luccia PRET. Luffi, *luire.*

METTERE, meffi, meffo; *mettre.*

MORDERE, morfi, *&* mor-detti, morfo *&* morduto; *mordre.*

MUGNERE, *&* mungere, mungo, munfi, munto; *traire, tirer.*

MUOVERE, *mouvoir,* muo-vo, vi, ve. *Plur.* Moviamo, movete, muoyono. 2. PRES. muova. *Plur.* Moviamo, mo-viate, movino. PRET. Moffi, movefti, moffe. *Plur.* Movem-mo, movefte, moffero. IMPER. Muovi tu, muova colui: *Plur.* Moviamo, movete muovano *&* ino. PART. ACT. Moven-do. PASS. Moffo.

NASCERE, nafco, nacqui, nato, *naiftre.*

NASCONDERE, nafcofi, *&* nafcondei *plus raremēt.* PART. nafcofo *&* nafcofto; *cacher.*

NUOCERE, *nuire,* Nuoco, ou noccio, ci, ce: *Plur.* -ciamo, cete, ciono, *&* cono. IMPARF. Noceva. PRET. Nocqui *&* no-cetti, nocefti, nocque. *Plur.* Nocemmo, nocefte nocquero. FUT. Nocerò. PART. ACT. Nocendo *&* nocente. PASS. Nociuto.

OPPRIMERE, oppreffi, op-preffo; *opprimer.*

PASCERE, pafco, pafcei *&* pafcetti, pafciuto; *paiftre.*

PENDERE, pendei *&* pen-detti, penduto; *pendre.*

PERCUOTERE, percoffi, per-coffo; *frapper.*

PERDERE, perfi, perdei *&*

perdetti ; perso *&* perduto; *perdre.*

PIANGERE *ou* piagnere, piango, piansi, pianto; *pleurer.*

PIÓVERE, piovi, piovetti, *ou* piouvi, piovuto ; *pleuvoir.*

PORGERE, porgo, gi, ge: *Plur.* -giamo, -gere, -gono, porsi, porto ; *tendre, présenter.*

PORRE, *pour* ponere ; pongo, poni, pone. *Plur.* poniamo. & ponghiamo, ponete, pongono. 2. PRES. Ponga, ga, ga: *Plur.* Poniamo *&* ghiamo, poniate *&* ghiate, pongano, *&* ponghino. 1. IMPARF. Poneva. 2. IMPARF. Ponessi. PRET. Posi, ponesti, pose: *Plur.* Ponemmo, poneste, posero. FUT. Porrò, *&* ponerò *moins elegant.* IMPPERAT. Poni tu, ponga colui. *Plur.* Poniamo, ponete, pongano *&* -ghino coloro. PART. ACT. Ponendo. PASS. Posto ; *mettre, poser.*

POSSEDERE, possiedo, di, de: *Plur.* Possediamo, possedete, possedono. 2. PRES. Possieda : *Plur.* Possediamo, possediate, possedano *&* posseggano *&* -ghino ; *posseder.*

PREMERE, premei, *&* premetti, premuto ; *presser.*

PRENDERE, presi, preso; *prendre.*

PRESUMERE, presunsi, presumetti, *&* presumei, presunta ; *avoir de la presomption, presumer, croire, supposer.*

PROCEDERE, procedei *&* procedetti, proceduto ; *proceder.*

PRODURRE, *produire, comme* Durre.

PROMETTERE, promisi, promesso ; *promettre.*

PROTEGGERE, proteggei, & protessi, protetto ; *proteger.*

PUNGERE, *ou* pugnere, pungo, punsi, punto ; *piquer.*

RADERE, rasi, radei, *&* radetti, raso, *&* rarement raduto, *raser.*

RECERE, recio, recei *&* recetti, reciuto ; *vomir, rejetter.*

REGGERE, reggei *&* ressi, retto ; *régner, gouverner, soûtenir.*

RENDERE, resi, reso, *&* renduto ; *rendre.*

RICEVERE, ricevei *&* ricevetti, ricevuto ; *recevoir.*

RICHIEDERE, *requerir, demander, comme* Chiedo.

RIDERE, risi, riso ; *rire.*

RIDURRE, *reduire, comme* Durre.

RIFLETTERE, riflessi, riflesso ; *reflechir.*

RILUCERE, rilucio, rilussi. (*voyez* Lucere.) *reluire.*

RINCRESCERE, rincresco, rincrescei, *&* rincrescetti, rincresciuto ; *ennuyer, déplaire.*

RIPORRE, *remettre, comme* Porre.

RISCUOTERE, riscossi, riscosso, *&* to; *recouvrer, exiger, recevoir, regagner.*

RISORGERE, risorsi, risorto, *&* par fois risurto ; *relever.*

RISPONDERE, risposi, risposto; *répondre.*

RITRARRE, ritraggo, ritrassi, ritratto : *retirer, &* tirer ou faire un portrait. V. Trarre.

RIVOLGERE, rivolsi, rivolto : *tourner.*

RODERE, rosi *&* rodei, roso; *ronger.*

ROMPERE,

ROMPERE, ruppi, rotto; *rompre.*

SCEGLIERE, fcelgo *&* fceglio, gli, glie. *Plur.* gliamo, gliete, fcegliono, *&* fcelgono. PRET. Scelfi. FUT. Scerrò *&* fceglierò. PART. Scelto; *choifir.*

SCENDERE, fcefi, fcefo, *defcendre.*

SCIOGLIERE, *ou* fciorre, fcioglio *&* fciolgo, gli, glie. *Plur.* gliamò, gliete, fciogliono *&* fciolgono. PRET. Sciolfi. FUT. Sciorrò, *&* fcioglierò. PARF. Sciolto; *délier.*

SCORRERE, fcorfi, fcorfo, *courir çà & là.*

SCUOTERE, fcoffi, fcoflo; *fecoüer, ébranler, hocher.*

SCRIVERE, fcriffi, fcritto; *écrire.*

SOLVERE, foluei *&* foluetti, foluto; *foudre.*

SOPPRENDERE, *ou* forprendere, forprefi, forprefo; *furprendre.*

SOSPENDERE, fofpei, fofpefo; *fufpendre.*

SPANDERE, fpafi, fpafo; *répandre, étendre.*

SPARGERE, fparfi, fparfo; *épandre.*

SPEGNERE, fpenfi, fpento; *éteindre.*

SPENDERE, fpefi, fpefo; *dépenfer, débourfer.*

SPERGERE, fpergo, fperfi, fperfo; *dépenfer mal à propos.*

SPINGERE, *& quelquefois* fpignere, fpinfi, fpinto; *inciter, pouffer.*

STRINGERE, *&* ftrignere, ftrinfi, ftretto, *& parfois* ftrinto; *étreindre, ferrer.*

STRUGGERE, ftruggo, *&* ftruggei, ftruffi, ftrutto; *fondre, confumer.*

SUCCEDERE, fucceffi *&* fuccedei, fucceffò *&* fucceduto; *fucceder.*

SVELLERE, fuelgo, gli, glie. *Plur.* gliano, gliete, fuelgono. PRET. Suelfi. PART. Suelto; *arracher.*

SVRGERE *&* forgere, furgo, furfi, furto; *fe lever.*

TENDERE, tefi, tefo, *&* tenduto; *tendre, étendre.*

TERGERE, terfi, terfo; *effuyer.* De là vient auffi terfo, *net, clair, tranfparant.*

TINGERE *&* tignere, tingo, tinfi, tinto; *teindre.*

TOGLIERE, *ou* torre *de* tollere: *ofter, emporter.* Toglio *&* tolgo, togli, toglie. *Plur.* togliomo *&* -ghiamo, togliete *&* tolete, togliono, *&* tolgono. 2. PRES. Tolga, *& quelquefois* toglia. *Plur.* togliamo, togliate, *&* -ghiate, tolgano, *&* togliano. 2. IMPAR. Torrei. PRET. Tolfi, togliefti, tolfe. *Plur.* togliemmo; toglielte; tolfero. FUT. Torrò. IMPER. Togli, *&* tó, toglia & tolga colui. *Plur.* togliamo, togliere, togliano, *&* tolgano, *&* ino. PART. Tolto.

TÓRCERE, torco, torfi, torto; *tordre.*

TRADURRE, *traduire, comme* Durre.

TRARRE, *pour* trahere, *&* tirare, *tirer:* Traggo, trahi *&* traggi, trahe *&* tragge. *Plur.* trahemo *&* traggiamo *ou* traghiámo; trahere; traggono. IMPARF. Traheua, PRET. Traffi, trahefti, traffe. *Plur.* tra-

F

hemmo , traheſte , traſſero.
FUT. Tarrò. IMPER. ſe prend
de tirare. PART. ACT. Tra-
hendo. PASS. Tratto.

VINCERE, vinco, vinci, vinto; *vaincre.*

VIVERE, *vivre.* PRET. Viſſi.
PART. Viuuto, viſſuto.

VNGERE , *ou* vgnere, ungo
vnſi , vnta; *oindre.*

VOLGERE, volſi, volto;
tourner.

VOLVERE, *rouler :* Voluo,
volſi, volto.

IV, Dans la 3. Conjuguaiſon IRE:

*Il faut prendre garde que pluſieurs de ces irreguliers
peuvent auſſi avoir le Preſent en* ISCO, *ſuivant la Regle IV. comme on peut voir cy-deſſus.*

ADEMPIRE , adempiendo,
adempito , & iuto , *emplir.*
PRES. Adempio, i ie; iamo,
ite , iono , & *par fois* ſcono.
v. Compire.

APPARIRE , apparſi, appar-
ſo ; *paroiſtre ſe monſtrer.*

APRIRE , PRET. Apſiri , &
plus ſſouvent aperſi , apriſti,
apri & aperſe. PLUR. Apprim-
mo, apriſte, aprirono , aprir-
no, & aperſero. PART. Aper-
to ; *ouvrir.*

COMPARIRE , comparſi,
comparſo ; *comparoiſtre.*

COMPIRE , iendo , ito,
& iuro ; *emplir* ; PRET.
Compiei , & ietti, ietti; ié &
iette ; iemmo ; ieſte ; iero , &
iettero.

CONCEPIRE , concepei , &
concepeti , conceputo ; *concevoir.*

COPRIRE, & cuoprire , cuo-
pro, cuopri, cuopre, copriamo,
coprire , cuoprono : Coperſi,
Coperto ; *couvrir.*

DIRE, *pour* dicere. I. PRES.
Dico , dici, (& *vulgairement*
di) dice : Plur. diciamo, &
quelquefois dicemo , dite , dicono 2. PRES. Dica, a, a, diciā-
mo, dite, dicano & chino. 1
IMPARF. Diceva. 2. Direi, ou
diria. 3. Diceſſi. PRET. Diſſi,
diceſti , diſſe. *Plur.* dicemmo,
diceſte, diſſero. IMPER Di, dica colui: *Plur.* diaciino, dite,
dicano & chino. PART. ACT.
Dicendo. PASS. Detto , *dit,*

DISCUSCIRE , *découdre;* Diſ-
cuſco & diſcuſciſco ; diſcuſ-
cito.

EMPIRE , *emplir.* V. Compire.

ESSEGUIRE , *executer.* V.
ſeguire.

GANNIRE , *ronfler , crict*
Ganniſco & ganno.

GIRE , *aller. Il prend pluſieurs temps de* ire : *mais il
a de luy meſme* gite , *allé*
I. IMPARF. Gia 2. Girei, reſti-
rebbe. 3. Giſſe, ſſi, ſſe. PART
gii . *j'allay;* gilti ; gi ou gio
Plur. gimmo, giſte; gieno ou
girno. FUT. Girò. PART
Gito ; *allé.*

MUORIRE , *ou* morire, *mourir,* I. PRES. Mucio, & moro

moti, muore : *Plur.* muoria-
mo *&* muoiamo , morire,
muoiono & muorono. 2. PRES.
Muoia, (*ou* muora) muoia,
muoia : *Plur.* muoiamo , (*ou*
moriamo) muoiate, muoiano,
& moiano PRET. Muorii, *&*
rarement morfi, muorifti, muo-
rì *&* morfe: *Plur.* morimmo,
moriffe, muorirono. IMPER.
Muori, muoia: *Plur.* muoiamo
& moriamo, morite, muoiano.
PART. ACT. Morendo. PASS.
Morto.

OFFERIRE. PRET, Offerii, *&*
offerfi, ifti , &c. offerto; *offrir.*

PROFERIRE , proferfi, pro-
ferto ; *proferer.*

SALIRE, *monter.* 1. PRES. Sa-
glio *&* falgo, fali, fale. *Plur.*
fagliamo, falite, fagliono , *&*
falgono. IMPER. Sali, faglia, *&*
falga : *Plur.* fagliamo, falite,
faglinno, *ou* falgano *ou* ghino.

SEPELIRE , *ou* SEPELLIRE,
fepellii, fepolto, *& par fois*
fepellito; *enfevelir.*

SEGUIRE, *fuivre,* feguo,

feguendo, feguito.

SOFFRIRE , fofferfi, foffer-
to ; *fouffrir.*

VDIRE, Odo, odi, ode; vdiamo, vdite, odono IMPER. Odi
tu , oda colui, vdiamo, vdite,
odano coloro. PART. Vdito;
ouyr.

VENIRE, *venir.* 1. PRES. Vengo, vieni, viene; *Plur.* veniamo, *&* -ghiano, venite, vgono.
2. PRES. Vêga, ga, ga *Plur.* veniamo, veniate, vengano *&* ghino. PRET. Venni. IMPARF.
Verrei *&* venirei. FUT. Verrò.
IMPER. Vieni *&* vien tu, venga colui; Veniamo, venite, vengano *&* ghino. PART. Venuto, *venu.*

VSCIRE, *fortir.* 1. PRES. Ef-
co, efci, efce : *Plur.* vfciâmo,
vfcite, éfcono. 2. PRES. Efca,
efca, efca. *Plur.* vfciamo, vf-
ciate, efcano, *&* efcino. IM-
PER. Efci, efca; *Plur.* Vfciamo, vfcite, efcano, chino.
PART. ACT. Vfcendo. PASS.
Vfcito, *forty.*

CHAPITRE X.
Des figures ou changemens qui arrivent dans les mots.

IL n'y a guere de langue qui fasse plus souffrir de figures ou changemens à ses mots que l'Italiene.

Ces changemens se font principalement au commencement des mots ou à la fin, soit en les alongeant, soit en les diminuant, & cela encore en diverses manieres.

I. De l'alongement au commencement des mots.

L'on adjoûte souvent un *i* & quelquefois un *e* devant les mots qui commencent par *f.* jointe à une autre consonne, lors qu'ils sont precedez d'un monosyllabe finy aussi par consonne pour éviter la rudesse de trois consonnes de suite : comme *in istato* pour *in stato* en estat : *per isposa* pour épouse. Quoy que les poëtes, à qui tout semble permis en cette langue, aussi bien que dans la Grecque, n'observent pas toujours cette regle.

II. De l'alongement à la fin.

Les monosyllabes *a*, *e*, *o*, prennent un *d*, lors qu'elles sont suivies d'un mot qui commence par voyelle, pour éviter ce qu'on appelle un *hiatus*, ou concours de voyelles ; *od io*, ou moy, *ed amore*, & l'amour.

Plusieurs mots qui ont le grave à la fin, pour se delivrer de cet accent prennent un *e* ou un *o*, comme *fue*, *tue*, *uscio*, &c. pour *fù*, je fus, *tù*, toy, *ussi*, il sortit, &c.

III. Du retranchement au commencement des mots.

Le retranchement au commencement des mots

ne se fait d'ordinaire que pour éviter le concours des voyelles. Encore est-il assez rare, comme nous ferons voir cy-aprés en parlant de l'Apostrophe.

IV. Du retranchement à la fin.

Le retranchement de la fin des mots est plus ordinaire, & se peut faire en diverses manieres.

1. En perdant la voyelle finale avant les mots qui commencent par voyelle pour éviter l'*hiatus*, comme *m'è caduto nell animo*, il m'est venu en l'esprit.

2. En perdant aussi la voyelle finale avant les mots mesme qui commencent par consonne ; *fier' draconi*, pour *fieri*, les fiers dragons.

3. En perdant mesme la consonne ou les consonnes qui precedent cette finale, comme *caval* pour *cavallo* un cheval, & *cava'* pour *cavalli*, des chevaux.

4. En retranchant deux syllabes avant la fin, comme d'*amaranno*, ils aimeront, on fait *amaran'*, puis *amar*.

5. En retranchant la consonne qui precede cette voyelle finale, sans perdre la voyelle, comme d'*animali*, l'on fait *animai*, ou *anima'* ; animaux.

V. Maniere facile de retenir ces retranchemens.

Mais tous ces retranchemens qui semblent si difficiles & si differens, feront aisez à reconnoistre si l'on considere,

1. Que tous les mots Italiens finissant par voyelle, c'est une marque qu'ils sont couppez lors qu'on les voit finir par consonne.

2. Qu'ils ne se font presque que dans les mots où les liquides *l*, *m*, *n*, ou *r*, se rencontrent. J'en rapporteray icy divers exemples.

Dans les Noms, Articles, & Pronoms.

Un pour *uno*, un ; *gran* pour *grano* grain, ou pour

grande grand ; *buon* pour *buono*, bon ; *pan* pour *pane* pain ; *vin* pour *vino*, vin, *ragion*, pour *ragione* raison ; *sal* pour *sale*, sel ; *bel* pour *bello*, beau; *fratel* pour *fratelle*, frere ; comme *buon pane*, bon pain ; *sal bianco*, sel blanc, &c.

De mesme dans les articles joints aux particules personnelles, *me, te, se, ce, ve* : *mel'* pour *melo*, *tel* pour *telo* ; comme

Io mel' patiro ; *je le prendray en patience.*

Tu tel' terrai ; *tu le retiendras pour toy.*

Essi sel' fanno ; *ils le font.*

Noi cel' terremo ; *nous le prendrons pour nous.*

Voi vel' goderete ; *vous en joüirez.*

Dans les pronoms, *i*, pour *io* je, moy.

Les DOUBLES RETRANCHEMENS se font particulierement dans le plurier des noms masculins, qui en reçoivent déja un au singul. comme *Animali, animai, anima'*, animaux ; *quali, quai, qua'*, quels, *tali, tai, ta'*, tels ; *belli, bei, be'*, beaux; *quelli, quei, que'*, ceux.

De mesme dans les Articles ; *agli*, ou *alli, ai, a'*, aux : *Degli* ou *delli, dei, de'* ; des : *Dagli* ou *dalli, dai, da'* ; des, par les.

Et dans les Pronoms *egli, ei, e'*, luy.

On dit aussi *me'* pour *meglio*, meilleur.

Dans les Verbes.

Au 1. & 2. present ; *amiam* pour *amiamo*, *amam* & *amin* pour *amano* & *amino*. Suogli, suoi, so' tu as accoustumé ; *vuogli, vuoi, vuo'* tu veux ; *se'* pour *sei*, tu es ; *puo* ou *po* pour *puoi*, tu peux.

Au 1. & 2. present ; *amauam* pour *amauamo* ; *amauan*, pour *amauano*.

Au 2. imparfait ; *amarebbon* pour *amarebbono*, *amarebber* pour *amarebbero*, & *amarian* pour *amariano*.

Au 3. imparf. *amaſſim.* pour *amaſſimo* , & *amaſſer*
pour *amaſſero.*

Au futur ; *amerem* pour *ameremo* , & *ameran*
pour *ameranno.*

Au parfait ; *amaron* , *amaro* , & *amar* pour
amarono

Et ainſi des autres.

AVERTISSEMENT.

Le retranchement de l'*o* dans les noms ſe fait plus difficile-
ment que celuy des autres voyelles. Car on ne dit pas *ner* pour
nero, noir ; *ripar* pour *riparo* , rempar ; *anim*, pour *animo*, eſprit ; *chiar* pour *chiaro* , clair ; *dur* pour *duro* , dur , quoy,
que Petrarque ait uſé de ces deux derniers.

On ne dit pas nou plus *vo'* pour *volo* le vol , parce que
vo, vient de *voglio* , je veux.

Enfin on n'abbrege point les noms qui ont double conſonne avant la finale, comme *Apollo*, Apollon, nom propre; *collo*,
le cou ; *affanno* , peine ; *inganno* , tromperie ; *abiſſo* , abyſme;
ſoſtegno , appuy ; & ſemblables.

Mais il faut prendre garde qu'il ſe fait auſſi des retranchemens dans quelques mots & au commencement & à la fin,
comme *ſer* , pour *eſſere* , eſtre. Et ſemblables.

IV. De la contraction & ſyncope.

Il ſe fait auſſi tres-ſouvent contraction & ſynco-
pe dans les mots : Et alors, ſi la conſonne qui reſte
eſt entre deux voyelles, on la redouble ; comme,
porre pour *ponere* , mettre : *ponno* pour *poſſono* , ils
peüvent , & ſemblables.

CHAPITRE IX.
Des mots compoſez.

LES mots compoſez ſont ceux qui ſignifient une
choſe que l'on conſidere comme une. Ainſi lors
qu'on dit *ſottacqua* ſous l'eau, ſi l'on conſidere cela
comme un adverbe de lieu ; ce n'eſt qu'un ſeul mot;
& ſi on le conſidere comme un regime d'un nom

substantif gouverné de sa preposition , *sott' aqua*
sous l'eau : ce sont deux mots.

Dans l'Italien la pluspart de ces mots composez
sont indifferens d'estre écrits ou separément , ou
conjointement , *non dì meno* , ou *nondimeno* , neanmoins. Il en faut seulement excepter quelques uns
qui s'écrivent toûjours conjointement ; comme
inuitto , non vaincu ; *sopranome* , surnom , &c.

Quand les mots qui composent s'écrivent separément , on ne change rien dans leur écriture ; comme *pan bollito* , du pain bouilly. Mais quand on les
écrit conjointement , la finale du premier mot rentre dans l'ordre general des autres syllabes ; comme *pambollito* , où l'on voit l'*n* changée en *m* , parce
que l'*n* ne peut pas estre devant *b*, en un mesme mot.

Quand la premiere partie du mot composé ne
finit pas par consonne , & que la seconde partie
commence par consonne , on redouble cette consonne ; comme *aldosso* , à dos , *ognissanti* , la Tous-
saints. Et de mesme *dammi* pour *da mi* , donne-
moy , *dillò* , pour *di lo* , dy-le ; *vanne* pour *va ne* , va-
t'en , *parlommi* pour *mi parlò* , il me parla ; *egli trove-
rassi* , pour *si troverà* , il se trouvera , *partissene* pour
se ne parti , il s'en alla ; *menouuimi* , pour *mi vi menè* ,
il m'y mena , &c.

II. De l'Apostrophe.

L'Apostrophe est une petite virgule qu'on met au
haut d'entre les deux mots qu'on veut joindre ensemble, pour marquer qu'on en a rejetté une voyelle.

L'usage de cette Apostrophe parmy les Italiens,
differe du nostre en deux choses.

La premiere, en ce que la nostre ne se marque que
dans le concours de deux voyelles, comme *j'aime* ,
pour *je aime* ; au lieu que celle des Italiens se marque mesme quelquefois lors que le mot suivant
commence par consonne ; comme *fier' dragoni* , pour

fieri, cruels dragons : *de' fenfi*, pour *dei*, ou *de gli fenfi*, des fiens, &c.

La feconde, en ce que noftre Apoftrophe ne fe fait jamais que de la finale du premier mot, & qu'eux la font ou de la finale du premier, ou de la premiere du fecond mot.

Quant au premier ufage de l'Apoftrophe, il faut remarquer qu'il ne fe met avant les mots qui commencent par confonne, que lors que le mot precedent eft fort extraordinaire, & qu'il paroiftroit choquant d'eftre ainfi coupé, comme *ma' più* pour *mai*, jamais plus ; *vo' fate*, pour *voi*, faites ; *figliuo' grandi* pout *figlivoli*, de grands enfans ; *amar* pour *amarono*, ils aimerent ; *de'* pour *dei*, ou *degli* d'eux, *a'* pour *ai*, ou *alli*, aux ; *i'* pour *io*, je, *moy* ; *fe'* pour *fei* tu es; *puo'* ou *po* pour *puoi*, tu peux, &c.

Quant au fecond, le retranchement de la premiere voyelle du mot fuivant n'arrive que dans l'article ou pronom *il* : & dans les mots qui commencent par les fyllabes *im* ou *in* fuivies d'une autre confonne, & où cet *i* ne porte pas l'accent. Ainfi l'on dit *io' l credo*, je le croy, pour *io il credo*, & de mefme *io' l diceua*, je le difois : *moftrate mi'l luoco*, montrez-moy le lieu : *fate m'il favore*, faites-moy la faveur : *fotto'l Cielo*, fous le Ciel : *fopra'l fuoco* fur le feu, &c.

L'on dit de mefme *lo'mperatore*, l'empereur, *la' nuidia*, l'envie, *lo'ntendimento*, l'entendement ; *lo nfortunio*, le malheur ; *le'nfidie*, les embufches ; *la'ntelligenze*, les intelligences.

Mais on ne doit pas dire *l'o nutile* pour *l'inutile*, l'inutil ; *la'niquità* pour *l'iniquità*, l'iniquité : parce que l'*n* eft fuivie d'une voyelle ; ny *lo'llegitimo* pour *l'illegitimo*, l'illegitime ; ny *lo'mmaturo* pour *l'immaturo*, non meur ; ny *lo'nnamorato* pour *l'innamorato*, celuy qui aime : parce que la premiere fyllabe n'eft pas fuivie d'une autre confonne, mais de la mefme redoublée.

On ne doit pas dire non plus *lo'nclito*, mais *l'ina elito*, le fameux; *lo'ntimo*, mais *l'intimo*, l'intime: parce que l'*i* porte l'accent. Et ainsi des autes.

III. Quels mots souffrent le plus ordinairement l'A-postrophe de leur finale avant une autre voyelle.

Les articles reçoivent tres-souvent l'Apostrophe comme *l'Abbate*, l'Abbé.

Gli reçoit l'Apostrophe au plurier lors que le mot suivant commence par un *i*, comme *gl'enganni* les fourberies; *gl'Inglesi*, les Anglois: mais s'il commence par une voyelle, il ne fait pas de veritable elision, parce que ce concours de voyelles fait une espece de diphtongue douce; comme; *gli affetti*, les passions; *gli esteriori*, les apparences: *gli honori*, les honneurs; *gli huomini*, les hommes. Pour *gli*, Datif, Voyez Synt. chap. 2 n. 1.

Mais *i* soit article, soit pronom, retient ordinairement son *i*, comme nous avons dit cy dessus chap. 4 Ce qui arrive mesme dans quelques autres monosyllabes en *i*; comme *io vi amo*, je vous ai me; *io ti haueua scritto*, je vous avois écrit; *egli si eserci-ta*, il s'exerce.

L'Apostrophe se trouve encore tres-souvent dans la jonction de certaines particules; comme

Dans che.

Ch' ad un' ad un' descritti. & dipint' hai
Que tu a décrits & dépeints un à un.

Si aprés *che* il suit un mot qui commence par *h*, alors *che* perd l'*e* & l'*h* tout ensemble; parce qu'il ne pourroit pas former de prononciation autrement; comme

C'hauria virtu di far piangere un sasso
Qu'il auroit la vertu de faire pleurer une pierre.

. Et au contraire on adjoûte *h* à la fin des mots en *ca, co; & ga, go*, lors qu'ils doivent souffrir l'apostro;

phe devant des dictions commencées par *e* ou *i*, comme *dich' io* , dis-je , *vengh' io* , viens-je. Parce qu'autrement la prononciation du *c* & du *g* s'affoibliroit devant l'*e* & l'*i* , suivant ce que nous avons fait voir parlant des lettres au chap. 1.

Mais si le mot qui suit *che* commence par un *i*, alors *che* ne perd rien ; mais on mange cet *i* du mot suivant ; comme

Ch' altro diletto ch' mparar non paruo.

Car je n'ay point d'autre plaisir que celuy d'apprendre.

Dans se , mi , si , &c.

On dit de mesme, *s'io potessi* , si je pouvois : *tu m'hai lasciato solo* ; tu m'as laissé seul.

Dans In.

In perd aussi sa voyelle par apostrophe *e'n su le porte* , & sur les portes.

Mais quand le mot de devant *in* se termine en *i*, cet *i* finale souffre l'apostrophe, & *in* demeure en son entier ; comme *seco fu' in via* , pour *fui in via* je fus avec luy en chemin.

Dans uno *ou* una.

Un se dit pour *una* & pour *uno* par apostrophe.

Il ne se dit pour *una* , que lors que le mot suivant commence par une voyelle , *un' altra cosa* , une autre chose.

Mais il se dit pour *uno* devant les mots commencez & par voyelle & par consonne ; avec cette difference , qu'on marque l'apostrophe devant la voyelle ; comme *un' huomo* un homme ; *un' amante* , un amant ; & non devant la consonne ; *un libro* , un livre , *un cavallo* , un cheval.

Uno retient mesme son *o* devant les mots qui commencent par *ſ*, jointe à une autre consonne ;

comme, *uno scritto*, un écrit, *uno spirito*, un esprit, & semblables.

IV. De quelques mots plus particuliers à remarquer.

Frate, *santo*, *grande*, souffrent l'apostrophe devant une voyelle ; comme *frat' Andrea*, frere André, *sant' Ambrogio*, saint Ambroise, *grand' animo* un grand courage. Et de plus perdent encore leur *t* ou leur *d* ; devant les mots qui commencent par une consonne, *fra Paolo*, frere Paul ; *san Bernardo*, saint Bernard, *gran dottore*, grand Docteur.

Suora perd sa voyelle, lors qu'il est joint à un nom propre ; comme *suor Maria*, sœur Marie, *suor Ipolita*, sœur Hippolyte : sinon il la retient. Et ce seroit une faute de dire *cara suor* ; *suor di tale* : au lieu dequoy il faut dire, *cara suora*, ma chere sœur, *suora di tale*, sœur d'un tel, &c.

Lors qu'au plurier on retranche l'article avant un nom, l'*r* de la proposition *per*, qui la precede, se mange aussi ; comme *non solamente pe' piani* (au lieu de *per i piani*) *ma per profondissine valli*, Bocc. non seulement par les plaines, mais aussi par les plus profondes vallées. Ce qui donne beaucoup plus de grace que s'il euft mis *per i piani.*

CHAPITRE XII.

Des particules indéclinables.

LEs particules indeclinables sont ou ADVERBES, comme *bene* bien ; *adagio*, doucement ; *hoggi*, aujourd'huy : *one*, *doue*, où : *cosi*, ainsi : *primieramente*, premierement. Ou CONIONCTIONS ; comme *è*, et, *ed*, et. Ou PREPOSITIONS ; comme *per*, par ; *senfa*, sans ; *fra*, entre, parmy ; *verso*, vers : Et semblables, dont nous parlerons plus particulierement dans la seconde partie de ce Livre.

SECONDE

SECONDE PARTIE
DE LA
GRAMMAIRE
ITALIENNE,
CONTENANT QUELQUES remarques curieuses sur la Syntaxe, & sur la proprieté des mots dans le discours.

 A Syntaxe de la Langue Italienne a tant de rapport à celle de la noſtre, & à celle de la Latine, pour ce qui eſt de la convenance des parties & du regime, que nous n'avons preſque aucune Regle particuliere à en donner, mais ſeulement à remarquer quelques proprietez des mots, & quelques tours qui ſervent à l'élegance & à la beauté du diſcours.

CHAPITRE PREMIER.
Des Noms & des Articles.
I. Des Articles.

IL eſt élegant de mettre quelquefois un adjectif entre l'article & ſon ſubſtantif : Ce qui eſt une beauté commune aux Italiens avec les Grecs ; com-

G

me, *il mio amore*, au lieu de dire, *l'amore mio*, mon amour. Où l'on voit qu'alors *il* prend la place de *lo*, parce qu'il se trouve devant une consonne. L'on dit de mesme, *il suo ingegno*, son esprit; *il nostro scopo*, nostre but, &c.

Petrarque se sert ordinairement de l'article *lo* avec les mots d'une syllabe; comme *lo mio*, le mien, *lo cor*, le cœur, *lo qual*, lequel, &c.

Avec *Dii* qui se dit en prose, & *Dei* qui est pour le vers, Petrarque & Bocace usent toûjours de l'article plurier *gli*.

Bocace se sert ordinairement de *li* sans *g*, au plurier; & on le trouve mesme ainsi dans les autres Auteurs, lors qu'il est à l'accusatif devant un mot qui commence par consonne; comme *per li campi*, par les champs : mais devant une voyelle il faut toûjours dire *gli*, soit au nominatif, *gli animali*, les animaux, soit à l'accusatif, *per gli horti*, par les jardins.

En vers la preposition ne se joint pas toûjours à l'article; & alors l'*i* ne se redouble point, *de lo*, *à la*, *da le*, &c.

II. Des Noms.

En saliüant, parce qu'ils usent de *vostra signoria*, ils font accorder l'adectif, ou avec le nom exprimé, *signoria*, au feminin, ou avec la personne sous-entenduë au masculin; comme *V. S. è più dotta*, ou *più dotto di me*. Vostre Seigneurie est plus sçavante que moy. Neanmoins avec les noms de pays, ils le mettent toûjours au masculin, *V. S. Italiano*, *Vngaro*, *Spagnuolo*, &c.

Nulla enferme quelquefois negation, comme *nullus* en Latin : & quelquefois il se prend positivement pour quelque chose, de mesme que nostre *rien* en françois, qui vient de *res*. *Io non dico nulla*, je ne dis rien : *Vuoi tu nulla*; Ne voulez-vous rien? c'est à dire, ne voulez-vous point quelque chose? *s'io posso far nulla per voi*, fi je puis faire quelque chofe pour vous. Quoy qu'aujourd'huy *niente* femble plus ufité par ceux qui font profeffion de bien parler.

Neffuno fe prend auffi quelquefois affirmativement pour quelqu'un, de mefme que perfonne en François.

I di miei più legger che neffun cervo.

Fuggir, &c. Petr.

Mes jours pafferent plus vifte qu'un cerf qui fuit.

III. Du Comparatif.

Le comparatif gouverne icy le genitif: en quoy il retombe dans le regime de la langue Grecque. *Colui è più faggio di lui*, celuy-là eft plus fage que luy : *Vergilio fù miglior poëta d'Ovidio.* Virgile a efté meilleur poëte qu'Ovide.

Mais ils fe fervent auffi de *che* pour la comparaifon, de mefme que nous de *que* en François. *Cefare fù più fortunato che Pompeio*, Cefar a efté plus heureux que Pompée.

CHAPITRE II.

Des Pronoms.

I. Des Perfonnels & des Demonftratifs.

LE Pronom de la troifiéme perfonne fe fous-entend quelquefois icy, comme en Latin ; ce que nous ne faifons pas en François: *bifogna*, pour *egli bifogna*, il faut, il eft befoin.

Lui, lei, loro, altrui, ne fe mettent pas pour nominatif d'un verbe actif, par ceux qui parlent purement. C'eft pourquoy ils ne diront pas, par exemple *lui mi diffe*, luy me dit, *lei mi vide*, mais *egli mi diffe*, il me dit, *ella mi vide*, elle me vit : quoy que le vulgaire en ufe quelquefois autrement.

Avec les autres verbes on les trouve quelquefois au nominatif dans les Auteurs : *Poi che pinge figura che non puo esser lei* , Dant. Puis qu'il a fait un tableau qui ne luy ressemble pas. *Disse che non è lei.* Petr. Il dit que ce n'est pas elle. *Erano maliziosi come lui.* Bocace. Ils estoient malicieux comme luy. Mais cela est rare , & le plus ordinaire est de ne mettre ces pronoms qu'avec les particules des cas , si ce n'est en usant du gerondif.

Ardendo lei , che come 'n ghiaccio stassi. Petr.

Estant toute brûlante , elle qui auparavant estoit toute de glace.

J'ay dit avec les particules des cas , parce qu'on ne met guere mesme ces pronoms pour l'accusatif. On ne dit pas , par exemple , *Io amo lui* , mais *io lo amo* , ny *io amo lei* , mais *io la amo* , je l'aime. Quoy qu'on trouve quelques exemples contraires dans Dante, Petrarque & Bocace , dans le Tasse , & dans quelques autres.

Au nominatif on se sert d'*egli* , qui se prend mesme quelquefois absolument , comme nostre *il*.

Et s'egli è ver che tua potentia sia

Nel ciel si grande , comme si ragiona. Petr.

S'il est vray que vostre puissance soit si grande au ciel , comme on le raconte.

Au plurier , ils se servent du demonstratif au lieu du personnel ; c'est à dire de *essi* , ou *esse* , au lieu d'*eglino* , *elle* , ou *elleno* ; comme , *essi mi dissero* , ils me dirent , au lieu de *eglino mi dissero*.

Ils se servent de mesme de l'article *gli* au datif au lieu de *loro* ; comme *da gli* , pour *da loro* , donnez-leur.

Ils disent aussi au datif *li* pour *lui* , à luy , & au feminin *le* pour *lei* , à elle ; comme *dalli* pour *da à lui* , donnez luy ; *dille* pour *di à lei* , dites-luy : *Ce qui n'est qu'une contraction & une syncope , & non pas un usage du plurier le & li , pour le singulier, comme veulent les Grammairiens , mesme Italiens. Voyez les pronoms , 1. Part. chap. 6.*

Le datif singulier masculin *li* , feminin *le* , & le plurier masculin *gli* prennent un *e* , lors qu'ils sont joints avec les accusatifs *lo, la, li, le,* ou avec *ne,* comme *date lielo* , donnez le luy ; *date gliela* , donnez la leur, *date gliene* , donnez-leur-en.

Les particules *il, lo , la, li , gli, le,* servent aussi de demonstratifs, répondant aux françoises le , la, les : *lo battè* , ou *batello* , pour *battè lui* , ou *quello* , il l'a battu : *gli percosse* , ou *percossegli* , pour *percosse loro* , ou *quelli* , il les a frappez , &c. Voyez 1. Part. chap. 6. regle 2.

De mesme *ci* & *vi* , répondent à nostre y , & *ne* à nostre en. Comme *non vi* , ou , *non ci venne* , il n'y vint pas. *Mene ritornai à casa* , je m'en retournay au logis. Voyez 1. Part chap. 6. reg. 1.

Ella se prend souvent en tous ses cas , pour dire *vo' signoria* , afin d'éviter la repetition trop frequente de cet autre terme.

Costui , costei , & costoro se disent des personnes proches de celuy qui parle , & se trouvent en tous les cas ; quoy qu'au nominatif on se serve plûtost de *questi* , que de *costui*.

Colui , colei , & coloro , se disent d'une personne un peu éloignée : mais au nominatif on se sert plûtost de *questi* que de *colui*.

Costui & colui se mettent souvent seuls ; mais *questo* & *quello* veulent avoir leur substantif, *questo huomo,* cet homme, *quello animale* , cet animal; quoy qu'on le sous-entende quelquefois.

Quel sì pensoso è Vlisse affabil ombra.

Celuy que vous voyez si pensif est l'agreable ombre d'Ulysse.

Ello est different de *questo* & *quello* , en ce qu'il se met souvent seul , & est beaucoup plus usité au nominatif qu'aux autres cas , où l'on se sert plûtost de *lui & lei*, comme nous avons dit cy-deſſus.

Ces pronoms *queſto , queſta , queſti , queſte : quello, quella , quelli , quelle : ello , ella , elli , elle*, ſe diſent des choſes animées & inanimées : Mais *queſto* ſe dit d'une perſonne ou d'une choſe proche ; comme auſſi ſon dérivé *coteſto : quella* ſe dit d'une un peu éloignée ; & *ello* des plus éloignées. Ce qu'il eſt utile de remarquer , quoy que quelquefois on n'y ſoit pas ſi exact.

Les Poëtes ſe ſervent de *eſto & eſta* , au lieu de *queſto & queſta.*

Le plurier *queſti & quelli , quei* ou *quegli* , ſe prend élegamment pour le ſingulier au nominatif ſeule-ment , lors qu'on les rapporte aux perſonnes qu'on a déja nommées ; comme *Queſti m'ha fatto* , &c. Petr. Celuy-cy m'a fait , &c. *Io ſon quelli che* , &c. Dant. Je ſuis celuy qui , &c.

Ce qui n'a eſté uſurpé que comme un terme d'hon-neur , de meſme que l'on dit en françois vous *au lieu de* tu , *en parlant à quelqu'un. De là vient qu'on n'en uſe pas ainſi pour ſingulier , avec un ſubſtantif ſingulier : car on ne dira pas* , queſti huomo , quei li-bro ; *mais bien* queſti huomini , *ces hommes-cy* ; quei libri , *ces livres-là.*

Egli ou *ei* , & encore *altri* en font de meſme : *Ei ſon tyranni.* Dante. Ils ſont des tyrans. *Egli non pec-carono* ; ils ne firent point de faute.

L'on dit auſſi *eſſo & deſſo* , pour *ello* ou *egli* , luy ; au feminin *eſſa* ou *deſſa* pour *ella* , elle.

Deſſo & deſſa ſervent ſeulement pour le nominatif & l'accuſatif , & font plus d'impreſſion & de force, que *eſſo & eſſa*

Eſſo ſe met ſouvent entre *con* & l'un de ces pro-noms *lui , lei , loro , meco , teco , ſeco , noi , & voi* , plus par élegance que par neceſſité : comme ; *coneſſo lui* , avec luy ; *coneſſo lei* , avec elle ; *coneſſo teco* , avec vous ; *coneſſo ſeco* , avec luy ; *coneſſo noi* , avec nous.

Où vous voyez qu'alors *esso* se met pour tous les nombres , tous les genres , & toutes les personnes

Costui & *cotestei* ne se disent que des personnes , de mesme qu'en François *luy* ou *elle*. Ainsi ce seroit une faute de dire *cotestui cavallo* , ce cheval ; *cotestei casa* , cette maison : mais on doit dire , *quel* ou *questo cavallo* , *questa casa* , &c.

Cotesto se rapporte aux choses & aux personnes; *cotest' huomo* , cet homme ; *cotesto libro* , ce livre. Mais il ne se met jamais devant un verbe, si ce n'est comme absolu , ou en parlant d'une personne ou d'une chose qui ait déja esté nommée : comme , *cotesto è ben fatto* , cela est bien fait : *cotesto che tu vedi*, ce que tu vois.

I I. Des Relatifs.

Cui sert de genitif , datif , & ablatif : *Questo è l'huomo di cui è quella spada* ; *à cui apartienne quel cavallo, da cui habbiamo recevuto tanto bene.* C'est l'homme de qui est cette épée , à qui appartient ce cheval, de qui nous avons receu tant de faveurs.

Quelquefois mesme on omet les particules propres au cas ; comme *la cui bontà* , pour *la bontà di cui*; la bonté duquel.

Il se construit encore avec un substantif , se mettant entre son article & luy : & alors il tient lieu de genitif, quoy qu'il n'en ait pas la particule. Comme, *il cui honore* ; au lieu de *di cui* , l'honneur duquel : *le cui virtù* , les vertus duquel ; *la cui bellezza* , la beauté duquel , ou de laquelle : *i cui libri* , les livres duquel ou desquels.

Cette construction se voit aussi dans *costui* ; comme.

Già per le costui man' da noi diviso.
Ayant déja esté separé de nous par les mains de celuy-cy.

C'eſt à cette ſorte de conſtruction qu'il faut encore rapporter *altrui*, quand il ſe met entre l'article &
le nom ; comme *altri diventa risco per l'altrui robba* ; c'eſt à dire, *per la robba d'altrui*, d'autres ſe font
riches par le bien d'autruy : *Non s'aqquiſta mai la
gloria per l'altrui valore*, la gloire ne s'acquiert jamais
par la valeur d'autruy.

Il en eſt encore de meſme du plurier *loro*, comme *la loro bontà*, pour *la bontà di loro*, leur bonté ; c'eſt à dire, la bonté d'eux : *il loro havere*,
leur avoir, leur bien : *loro compagni*, leurs compa-
gnons.

Quale ſignifie proprement *quel* ; mais quand ils
y mettent l'article *il quale*, il ſignifie *lequel*. Il a
ſouvent la force de *tel que*, ou du *comme* François;
qual pargoletta capriola, comme, *ou*, tel qu'une petite chévre.

Qualunque ou *chiunque* ſrgnifient tous deux,
quiconque, tout. Mais ils different en ce que le premier peut recevoir un ſubſtantif : *qualunque animale*, tout animal : & que le ſecond n'en reçoit
point ; *Chiunque alberga*, quiconque demeure,
&c.

Chi ne ſe dit que des perſonnes, & preſque toûjours au nominatif. On s'en ſert dans les divi-
ſions ; *Chi quà, chi là*, qui çà, qui là ; *Chi hoggi,
chi domani, chi inanzi, chi d'opp' un' altro* ; l'un
aujourd'huy, l'autre demain, l'un devant, l'autre
aprés.

Il renferme ſouvent le relatif & l'antecedent en
luy-meſme, comme le *qui, quæ, quod* latin.

Chi la pace non vuol, la guerra s'habbia.

Que celuy qui ne veut pas la paix, s'attende d'a-
voir la guerre.

Chi non vuole il mi'amore, proui' l mio ſdegno.

Celuy qui refuſe mon affection éprouvera ma colere.

Chi che sia, & *chi si sia*, signifient qui que ce soit. Ainsi il semble que dans la première expression l'on sous-entend *si*, & dans la seconde *che*. Ces expressions s'expliquent encore par quiconque, chacun, tout le monde.

On use presque dans le mesme sens de *qual si voglia*, en tout genre & en tout cas; mais cette expression se dit des choses & des personnes, au lieu que les deux autres precedentes, ne se disent que des personnes. *Egli è atto à qual si voglia scienza*, il est propre à toutes sortes de sciences.

Che se dit des choses & des personnes. Il sert de nominatif & d'accusatif; *l'huomo che pensa esser savio, molte volte è sciocco*; l'homme qui pense estre sage, est souvent impertinent: *l'huomo ch'io amo è dotto*, l'homme que j'aime est sçavant.

Lors que *che* se prend pour les personnes, il ne se met gueres qu'au nominatif : aux autres cas on se sert de *cui*. Mais lors qu'il se prend pour les choses, il se met pour tous les cas. Estant pris absolument pour nostre *que*, il reçoit l'article : *il che*, ce que; *del che*, dequoy.

Che reçoit aussi diverses significations, qu'il est utile de sçavoir. Car il marque

La qualité : *Iddio sà che dolor mi passa il cuore*. Dieu sçait quelle douleur me perce le cœur. *Che huomo sei tu ?* Quel homme estes-vous ?

Le temps : *Da che io nacqui*, dés que je vins au monde, dés ma naissance.

L'admiration ou l'excés : *Che nobil Cavalier parmi costui* ! Que cet homme me paroist un brave Seigneur!

Les Imprecations.

Maledetto sia il dì che ti diè al mondo.

Maudit soit le iour qui te donna au monde.

Il s'explique par diverses particules : *Conducete lo à casa che riposi*, menez-le au logis afin qu'il repose.

Lo l'amerò sino alla morte avenga che può. Je l'aimeray
jusques à la mort, arrive ce qui pourra.

CHAPITRE III.
Des Verbes.
I.

LE nominatif est presque toûjours devant le
verbe, & l'accusatif aprés, comme en François,
ce qui est l'ordre naturel : Neanmoins ils renver-
sent quelquefois la phrase à l'imitation du Latin:
ce qui ne se peut distinguer que par le sens, parce
qu'ils n'ont pas de cas differens en terminaison.
Ainsi quand on dit : *Alessandro l'ira vinse*, cela peut
signifier, Alexandre a vaincu la colere : ou bien, la
colere a vaincu Alexandre. Et alors l'équivoque se
doit démesler par le sens. Ainsi quand on dit, *vincitor
Alessandro l'ira vinse* : l'epithete *vincitor*, qui fait an-
tithese, fait juger que *ira* est là le nominatif du verbe, & que cela veut dire que la colere a vaincu
Alexandre, tout victorieux qu'il estoit. Cet avis est
tres-necessaire à remarquer, parce que quelquefois
cela peut causer de grandes méprises.

Bembe & Acarisio remarquent que le verbe substantif *essere* gouverne quelquefois l'accusatif; comme *s'io fossi te, se tu fossi me*, & autres semblables
dans Petr. & dans Bocace. Mais cela semble contraire à l'idée naturelle que nous avons du verbe
substantif, & il y a plus d'apparence de dire qu'alors
on y doit sous-entendre une preposition ; *s'io fossi in
te, se tu fossi in me*, si j'eusse esté en vous, ou en vostre place, & si vous aviez esté en la mienne.

II. De l'infinitif.

L'infinitif venant à perdre l'affirmation qui est
propre au verbe, doit estre consideré comme un
nom substantif dans toutes les langues. Mais il n'y

en a gueres qui en uſent plus ſouvent en cette ſorte
que l'Italienne. Ainſi ils diſent, *lo ſcrivere hiſtorie é
coſa d'un principe* , c'eſt une choſe couvenable à un
prince d'écrire l'hiſtoire. *Nella guerra è di più lode il
vincere col conſiglio che col ferro* , c'eſt une choſe plus
digne de loüange de vaincre en guerre par la pruden-
ce , que par l'épée.

Ils ſe ſervent auſſi de *di*, ou *da*, ou *a* pour noſtre *de*:
comme *i nemici cercando di* , ou *a* , ou *da impedire i
conſigli* , les ennemis taſchant d'empeſcher les deſ-
ſeins.

Ils ſe ſervent encore élegamment de *fino a* , ou *fino
a* , avec l'infinitif pour le ſubjonctif ou optatif: comme *fino a dire* , juſqu'à dire , ou de ſorte que nous
oſons dire.

Ils ſe ſervent meſme de *di* en d'autres ſens fort
élegans avec l'infinitif; comme *parmi d'haver udi-
to la ſua voce*; il me ſemble avoir oüy ſa voix : *credi tu
forſe d'udir ſolo il ſuono* , crois-tu eſtre ſeul qui enten-
de le bruit ? &c.

L'infinitif ſe met quelquefois abſolument , & ſe
traduit par l'Imperatif : ce qui n'eſt qu'une ellipſe
d'un verbe ſous-entendu, que les Grammairiens n'ont
pas bien compriſe. Comme , *non dire coſi* , ne dites pas
ainſi ; c'eſt à dire , *non biſogna dire coſi* , il ne faut pas
dire ainſi : & de meſme des autres.

Retranchant la finale de l'infinitif, l'on y joint
élegamment les particules *mi, ti , ſi, lo, li, gli, la, le, vi,
ci , ne* : comme *non poſſo ſcrivervi* , je ne puis vous
écrire , *ſcriverlo* , l'écrire. *Vuoi darci quello ?* voulez-
vous nous donner cela ? *biſogna andarſene ;* il faut s'en
aller.

Noſtre particule *on*, s'exprime par *ſi* , mis devant
le verbe *Si ſcrive* , on écrit ; *ſi dice* , on dit, c'eſt
à dire , il s'écrit , il ſe dit.

quoy qu'improprement, comme nous l'avons fait voir dans la Methode Latine. Mais ce que l'on doit plûtoſt remarquer, c'eſt que la phraſe eſt icy paſſive en Italien, au lieu qu'elle eſt active en François, parce que *on* ſignifie *homme* pris indeterminément.

I I I. *Des Gerondifs.*

Le Gerondif latin en *di* s'explique par l'infinitif avec l'article du genitif, comme en François; *modus amandi, il modo di amare*, la maniere d'aimer; *ars amplificandi, l'arte d'ell' amplificare*; l'art d'amplifier.

Mais au lieu que nous marquons toûjours la maniere de l'action du verbe (qui eſt le gerondif en *do* des Latins) par la particule *en*; *amando*, en aimant, eux la marquent ou par *in*, ou *ne*, (qui répond à noſtre *en*) ou par *con* avec l'infinitif; comme *togliendo, in togliendo*, ou *in torre, nel torre, con torre*, en prenant : *ſtudiando, in ſtudiando*, ou *con lo ſtudiare*, en étudiant.

La fin de l'action qui eſt exprimée en Latin par le gerondif en *dum*, & que nous exprimons par *pour* en François, comme *ad amandum*, pour aimer, ſe marque icy par *per*; ou *a*, avec l'infinitif comme.

Amare altrui ſol per aver del bene,
Aimer autruy ſeulement pour avoir du bien,
Vanno à rendere omaggio al Rè del cielo,
Ils vont pour rendre hommage au Roy du ciel.
Les gerondifs ſe prennent quelquefois paſſivement;

Guſtando affligge piu che non conforta. Petr. c'eſt à dire, *in guſtatione*, ou *dum guſtatur*, cela fait plus de mal en *en* mangeant, ou lors qu'on en mange, qu'il ne fait de bien : *Il che in luogo di miracolo havendo.* Boc. pour *eſſendo havuto*; ce qui eſtant tenu pour miracle.

Les Gerondifs ſe prennent auſſi dans une maniere absoluë;

abſoluë ; *vivendo io quel non ſi farà* ; tant que je vi-
vray cela ne ſe fera pas : *piacendo à Dio* , s'il plaiſt à
Dieu ; *havendo à ſcrivere* , ayant à écrire.

Eſſendo che , s'explique par *veu que* , *puiſque*.

Le participe paſſif mis abſolument ſe traduit par le
noſtre accompagné du gerondif d'un verbe auxiliaire ; comme *fatto queſto* , ayant fait cela ; ou , cela
eſtant fait ; *uſcito di caſa* , eſtant ſorty du logis.

A V E R T I S S E M E N T.

L'on voit par les exemples rapportez cy-deſſus , (pour ne
toucher icy qu'en paſſant ce qui ſe pourra dire plus particulierement dans la Grammaire generale) que les gerondifs
ſont proprement des noms ſubſtantifs , de meſme que l'infinitif le devient en ces rencontres , & que *in ſtudiando* , étudiant,
ou *in ſtudere* , eſt le meſme que *in ſtudio* , dans l'étude , & *leg-
gendo* , en liſant , que *in lettione.*

C'eſt par ce principe meſme qu'on doit reſoudre les autres
expreſſions du gerondif ; comme *amando io.* Car de pretendre
avec quelques Grammairiens qu'alors c'eſt un nominatif abſolu ; d'où vient , diſent-ils , qu'on ne dit point , *aman lo me;*
c'eſt ne pas conſiderer aſſez la nature de ces expreſſions , qui
reçoivent quelquefois la prepoſition , comme on voit cy-deſſus. Et partant quand on dit *vivendo io quel non ſi farà :* je
croy que c'eſt , *in vivendo di io* , pour *in vita di me* ; comme
nous diſons en François , *de mon vivant , de ma vie.* Car pourquoy *io* ne pourroit-il pas eſtre pour d'autres cas que le nominatif dans une langue où les noms ne ſe declinent point ? Que
ſi l'on dit qu'il ne s'en trouve pas d'exemple ; je demande ſi on
trouvera pluſtoſt des exemples où *vivendo* puiſſe eſtre un nominatif : ou ſi l'on peut concevoir en aucune langue un nominatif qui n'ait pas rapport à un verbe , au moins ſous-entendu;
ou un cas abſolu qui ne dépende pas d'une prepoſition auſſi
ſous-entenduë ?

I V. Des temps & des modes.

Les modes ou manieres de ſignifier ſe prennent
quelquefois aſſez indifferemment l'une pour l'autre. C'eſt pourquoy l'on traduit ſouvent par le premier preſent ce qui eſt au ſecond ; comme *quando
queſto ſia* , ſi cela eſt : *non ſa quel che ſi faccia* , il ne
ſçait ce qu'il fait.

H

L'on traduit de mesme par le premier imparfait, ce qui est quelquefois au troisiéme : *Quando fossé così*, si cela estoit : *parendo loro che non conenisse*, leur semblant qui n'estoit pas convenable : *per saper in qual disposizione fossero*, pour sçavoir en quelle disposition ils estoient.

Et ce troisiéme imparfait se traduit mesme par nostre parfait : *Qual restasse*, en quel estat il demeura: *se piangesse*, s'il pleura.

L'on prend aussi le premier imparfait pour le second : *Andai à veder s'io lo trovano*, j'allay voir si je le trouverois.

Et quelquefois mesme nous le traduisons par nostre plus que parfait conditionnel : *si tu venivi*, si fusses venu.

Le preterit indefiny se prend quelquefois en parlant du jour mesme où nous sommes : *Viddi sta mane*, j'ay veu ce matin. Mais cela est rare, mesme dans l'Italien: l'usage ordinaire de ce temps dans cette langue comme dans la nostre, estant de marquer un éloignement au moins d'un jour.

Tous les temps seconds & troisiémes estant conditionnels, tiennent quelque chose de l'avenir, & partant se peuvent prendre quelquefois pour le futur en cette langue, aussi bien qu'en toutes les autres : *comé io vegga*, lors que je verray.

Et quelquefois mesme se servant du premier present pour le second, il faut le traduire aussi par le futur; comme, *Accioche quando Pietro viene possiate*; afin que quand Pierre viendra, vous puissiez, &c. Car *quando* marque assez que *viene* est là conditionnel pour *venga*, & que cette venuë de Pierre n'est pas presente, mais future.

CHAPITRE IV.

Des Verbes auxiliaires, & des temps qui en font formez par circonlocution avec le participe en to *ou* fo.

I. D'Havere.

LE s temps formez de ce verbe auxiliaire *Have-re*, avoir, tiennent tous du paſſé, & répondent au preterit Latin, & au temps qui en dépendent.

On en peut compter neuf ; ſçavoir deux preterits formez de ſes deux preſens.

Quatre plus que parfaits, dont il y en a trois for-mez de ſes trois imparfaits, & un de ſon preterit.

Le futur parfait (c'eſt à dire, qui tient du paſſé & de l'avenir) lequel eſt formé du futur ſimple de ce verbe auxiliaire.

Le preterit infinitif formé de ſon preſent infinitif.

Le participe paſſé, qui eſt plûtoſt un Gerondif, formé de ſon participe preſent. Ce qu'on peut voir facilement dans la Table ſuivante.

Preſent	1. Ho	*Parfait*	1. Ho ſcritto, *j'ay écrit.*
	2. habbia		2. habbia ſcritto, *j'aye écrit.*
Imparf.	1. havevo	*Plus que parfait.*	1. havevo ſcritto, *j'avois écrit.*
	2. Haveréi		2. haveréi ſcritto, *j'aurois écrit.*
	3. haveſſi		3. haveſſi ſcritto, *j'euſſe écrit.*
Parf. ſimp. hebbi			4. hebbi ſcritto, *j'eus écrit.*
Futur. ſimpl. haverò		*Fut. parf.*	havero ſcritto, *j'auray écrit.*
Perf. infin. havere		*Pret. infin.*	havére ſcritto, *avoir écrit.*
Part. preſ. havendo		*Pret. part.*	havendo ſcritto, *ayant écrit.*

Ce verbe *havere* eſt auſſi auxiliaire à luy-meſme dans ces meſmes temps ; comme, *ho havuto,* j'ay eu, *babbia havuto,* j'aye eu, *haverei havuto,* j'aurois eu, &c.

H ij

Mais c'est une faute que font ordinairement les Grammairiens, d'embrasser les conjugaisons de ces temps, qui regardent proprement la Syntaxe & qui ne peuvent faire aucune peine, puis qu'on n'a qu'à les expliquer mot à mot, lors qu'on les rencontre comme *havevo*, j'avois, *scritto*, écrit. Et ainsi des autres.

II. *Temps du verbe* Essere *formez par circonlocution de ses temps mesmes, & du Participe* stato.

Le verbe *estre*, quoy qu'auxiliaire, a de commun avec les autres verbes, d'avoir besoin d'un verbe auxiliaire pour former son preterit définy, & les autres temps qui en dépendent dans la langue Latine. Mais en François & en Espagnol, il les forme avec le verbe avoir, comme *j'ay esté*, *j'avois esté*, *j'aurois esté*, *&c.* Au lieu qu'en Italien, aussi bien qu'en Allemand, d'où ces façons de parler sont venuës, le verbe *essere* est auxiliaire à luy-mesme, *sono stato*, je suis esté ; *era stato*, j'estois esté ; *sarò stato*, je seray esté. Ce qu'imitent encore les Walons, qui commencent à parler François.

Ce verbe sert aussi d'auxiliaire à quelques verbes neutres ; *sono venuto*, je suis venu, & semblables; dont nous parlerons plus amplement cy-aprés n. 4.

III. *Maniere de former le passif par le verbe* Essere.

La maniere de former le verbe passif est la mesme qu'en François, en joignant le participe en *to* ou *so* avec ce verbe dans tous les temps qu'on veut former ; comme, *sono amato*, je suis aimé ; *era amato*, j'estois aimé, *fui amato*, je fus aimé ; *sarò amato*, je seray aimé ; *sarò persuaso*, je seray persuadé.

IV. *De la maniere d'accorder les participes joints aux verbes auxiliaires, avec le substantif auquel ils se rapportent.*

Nous venons de voir quels sont les temps qui se forment des verbes auxiliaires, avec le participe en *to*, ou *so* ; comme *ho amato*, j'ay aimé.

Mais ce participe change quelquefois de genre & de nombre, & alors il retient le nom du participe : & souvent aussi il ne change ny de genre ny de nombre; & alors on le peut appeller gerondif. Voicy les regles qu'on peut donner sur cela.

1. Les verbes actifs, ausquels on donne une signification reciproque, se servent dans les preterits du verbe auxiliaire *essere*, au lieu d'*havere* : ce que font aussi plusieurs neutres : & alors le participe s'accorde en genre & en nombre avec son substantif ; comme, *vo' signoria sia ben venuta* ; que vostre seigneurie soit la bien-venuë : *li famigli son fuggiti*, les domestiques se sont enfuis : *egli s'è ucciso*, il s'est tué : *elle s'è uccisa*, elle s'est tuée : *elle si son partite*, ou *elle son partite*, elles sont parties.

Cette regle s'observe mesme lors que le verbe gouverne encore autre chose que le pronom reciproque; en quoy la Langue Italienne est differente de la Françoise. Car on dit bien en François, *elle s'est tuée*; mais il faut dire, *elle s'est crevé les yeux*, & non pas *elle s'est crevée les yeux* : au lieu qu'en Italien il faut dire, *ella s'è cavata gli occhi*, ou mesme quelquefois, *elle s'è cavati gli occhi*, faisant accorder le participe avec le dernier substantif.

2. Dans les verbes actifs qui se servent du verbe auxiliaire *havere*, avoir ; jamais le participe ne s'accorde en genre ny en nombre avec le nominatif du verbe. C'est pourquoy l'on dit, *la donna ha fatto*, la femme a fait : *hanno ben voluto, ma non hanno potuto*, ils ont bien voulu, mais ils n'ont pû:

H iij

esse hanno havuto molta fatica, ils ont eu beaucoup de peine.

3. Quant l'accusatif du verbe suit le verbe, alors le participe peut encore demeurer gerondif, comme en François, ne changeant ny de genre, ny de nombre ; comme *io ho ricevuto la vostre lettera*, j'ay receu voftre lettre.

Mais en quoy la langue Italienne differe de la noſtre, c'eſt qu'il leur eſt auſſi permis d'accorder le participe avec le nom qui le ſuit : *io ho ricevuta una voſtra lettera* : j'ay receu une de vos lettres: *havendo veduta una donna*, Boc. ayant veu une femme : *havendo udite molte coſe*, ayant oüy pluſieurs choſes : *Egli ha dette belliſſime coſe* ; il a dit de tres-belles choſes.

4. Quand l'accuſatif du nom ou du relatif precede le verbe auxiliaire, ou meſme ſeulement le participe, alors en Italien, auſſi bien qu'en François, le participe ſe doit accorder avec l'accuſatif qui le precede, comme, *la lettera che voi mi havete mandata*, la lettre que vous m'avez envoyée. *Havendo adunque il finiſcalco le tavole meſſe.* Boc. le Maiſtre d'hoſtel ayant donc ſervy les tables : *Veduto la grande moltitudine de la tavole meſſe.* Id. ayant veu la grande multitude de tables miſes.

A V E R T I S S E M E N T.

Autrefois ces regles n'eſtoient pas toûjours obſervées. Car on trouve dans Petrarque, *baſſata è quella*, pour *baſſata*, elle eſt paſſée, elle eſt morte. Dont pluſieurs Grammairiens ont voulu conclure que l'un & l'autre ſe pouvoit encore dire. Mais l'auteur des additions à Bembe les refute, & foûtient que ce n'eſt au plus qu'une licence poëtique, & qu'on feroit une faute en proſe de dire autrement que *paſſata è quella.*

Et quant aux autres exemples de Bocace qu'on rapporte pour autoriſer cette ancienne façon de parler, où parlant d'une femme il dit *miratola*, *comendatola* &c. le meſme Auteur pretend que les lieux ſont corrompus, & qu'il faut lire

miratala, commendatala, &c. Quoy qu'on pourroit auſſi dire
qu'en liſant *miratola*, on ſous-entend le participe *bavendo*,
l'ayant admiré, comme d'autres auteurs l'ont remarqué.

CHAPITRE V.

Des Particules, mi, ti, ſi, ci, ne, vi.

CE s particules ſont toutes perſonnelles ; mais
ci, *vi*, & *ne*, ſont auſſi quelquefois relatives du
lieu ou de la choſe.

Elles font une grande beauté dans le diſcours,
quand on les ſçait bien appliquer, en quoy l'on peut
ſuivre les regles ſuivantes.

On les peut mettre devant ou aprés le verbe ; *mi
ama*, ou *ama mi*, il m'aime ; *ci ama*, ou *ama ci*, il nous
aime. Mais il faut beaucoup d'uſage pour choiſir ce
qui ſe peut dire avec plus de grace.

Toutes les fois qu'elles ſont unies en meſme mot
à la fin du verbe, elles peuvent retenir leur *i*, ou le
changer en *e*: *honorarmi*, ou *honorarme*, m'honorer;
ſtimarti, ou *ſtimarte*, vous eſtimer.

Lors qu'eſtant aprés le verbe on en fait deux
mots, mais qu'il n'y en a pourtant point d'autre entre deux, elles prennent toûjours e ; *egli
ama te & non ame*, c'eſt vous qu'il aime, & non pas
moy.

Devant le verbe elles prennent toûjours *i* ; *egli
ti ama*, il vous aime : *io non mi curo*, je ne me ſoucie
pas.

Avec la particule *ne* elles prennent toûiours *e* ſoit
devant ſoit aprés le verbe ; comme *mene pento*, je
m'en repens : *vommene* : je m'en vas. Et alors *ne* perd
quelquefois ſon *e* final ; comme *io n'on m'en curo*, je
ne m'en ſoucie pas

Elles changent auſſi l'*i* en *e*, quand il y a compa-

raiſon ou relation entre deux choſes, ou deux mem-
bres dans le diſcours; comme, *tu vedi me, & io veggo te*; vous me voyez, & je vous voy.

> *Ferir' me di ſaetta in quello ſtato,*
> *E a voi armata non moſtrar' pur l'arco.* Petr.

Ils me frappent d'une fléche en cet eſtat, & ne
vous monſtrent pas ſeulement l'arc.

Quelquefois meſme que l'autre membre de comparaiſon eſt ſous-entendu, on ne laiſſe pas de prendre l'*e* : parce que cela marquē la choſe plus ex-
preſſement, & avec plus d'emphaſe; comme, *venne
ferir me*, il vint me frapper, c'eſt à dire, moy entre tous les autres.

C'eſt par la meſme analogie qu'avec l'adverbe
de comparaiſon *come*, elles prennent auſſi l'*e* au lieu
de l'*i*; comme, *io non ſono avaro come te* (au lieu de
ti qui ſe diſoit autrefois pour *tu*) je ne ſuis pas avaricieux comme toy : *tu non ſei liberale come me*, (au
lieu de *mi*) tu n'es pas liberal comme moy.

Elles prennent auſſi cet *e* lors qu'elles ſont devant
l'infinitif; comme, *corre fama me eſſer divoto*, le bruit
court que je ſuis devot : ce qui eſt une imitation des
Latins, *me eſſe pium*, quoy qu'il ſoit mieux de dire
che io ſono divoto.

Comme encore en certaines rencontres où la
rime le demande;

> ————*longo fora à racontarve,*
> *Quando la nova libertà m'increbbe.* Petr.

Il ſeroit trop long de vous raconter, quand j'ay
commencé à me dégouſter de ma nouvelle liberté.

Quand elles ſe joignent avec les articles; ſi l'article eſt le premier, la particule retient *i*, ſi la particule eſt la premiere, elle prend *e*; comme *date-
melo*, ou *datelomi*, donnez-le-moy : *lomi*, ou *me lo
raccommandò*, ou bien *raccommandellomi*, ou *raccom-
mandommelo*, il me l'a recommandé : *al capo del letto
li poſe*, ou *ſe li poſe*, il ſe mit au chevet du lit : *gli ti,*

ou *te gli recommandai* (plus ufité) ou bien *racco-*
mandaigliti, ou *raccommandaitegli*, je te les ay re-
commandez : *laci*, ou *cela raccommandò*, ou bien
raccommandolaci, ou *raccommandoccela*, il nous l'a re-
commandée : *le vi*, ou *ve le raccommandò*, ou bien
raccommandollevi, ou *raccommandouvele*, il vous les
recommanda.

Pour cette raifon l'on dit toûjours *di me*, *di te*,
di fe. & non pas *di mi*, *di ti*, &c. parce que *di* tient
lieu d'article indéfiny.

Ci, *vi*, & *ne*, font auffi adverbes. Le premier marque le lieu où eft celuy qui parle ; *icy* : & le fecond,
le lieu où il n'eft pas, fe difant avec rapport à la 2.
& 3. perfonne, comme *là* en François : quoy que
vi pronom, pris de *voi*, vous, ne marque que
la feconde. *Ne* eft relative de la chofe & répond à
noftre particule françoife *en* ; comme nous avons
dit cy deffus.

I I. Ordre auquel ces Particules fe doivent mettre.

Lors que ces particules fe joignent avec la relative *ne*, elles la precedent toûjours, *mene*, *tene*, *fe-*
ne, *vene*, *cene* : & cela tant devant, qu'aprés le verbe ; comme, *mene parlafti*, ou *parlaftimene* ; vous
m'en avez parlé ; *fene parti*, ou *partiffene*, il s'en alla.

Que fi l'on en joint deux enfemble, elles prennent toutes deux la mefme terminaifon ; & alors
mi precede ordinairement les autres, tant devant,
qu'aprés le verbe, *miti*, *mifi*, *mici*, comme *mi ti do*,
ou *dommiti*, je me donne à toy : *mici*, *fermai*, ou *fer-*
maimici, je me fuis *arrefté-là*.

Ti & *vi* fe mettent avant *ci* : *tici*, *vici* ; comme,
io tici vidi, ou *viditici*, je te vis *là* : *vici menareno*, ou
menaronici ; ils vous menerent *là*.

Si fe met aprés tous les autres : *mifi*, *tifi*, *cifi*, *vifi* ;
comme, *Diotifi eleffe*, ou *eleffetifi per figlivolo*, Dieu

voûs a éleu pour son fils : *ci si diede*, ou *diedecisi la morte*, il s'est tué là. Et semblables.

CHAPITRE VI.

Des Adverbes.

ENTRE les Adverbes, ceux de lieu sont les plus remarquables, & ceux qui peuvent faire plus de peine.

Quì, icy où je suis ; *costi*, là où vous estes ; *li*, là où il est, sont ordinairement pour le repos, & répondent aux Latins, *hic*, *istic*, *illic* ; le premier servant à la premiere personne, le second à la seconde, & le troisiéme à la troisiéme.

Quà, icy où je suis ; *costà*, là où vous estes ; *là*, ou *colà*, là où il est, servent pour le mouvement, & répondent aux Latins *huc*, *istuc*, *illuc*, selon l'ordre des personnes.

Mais souvent en cette Langue les Adverbes de repos servent aussi pour marquer le mouvement ; ou au contraire.

Petrarque use mesme quelquefois de ceux de la troisiéme personne *li* & *là*, avec la seconde.

Ove signifie où, soit pour le repos, soit pour le mouvement. Et quelquefois on y adjoûte un *d* au commencement, *doue*, où.

Iui, vient d'*ibi*, latin ; mais il se dit & du lieu où l'on est, & du lieu où l'on va, comme là en François.

Quivi, *là*, se dit de mesme du repos & du mouvement.

Diqua, *quinci*, & *diqui* signifient de là & par là: parce que les adverbes de départ se prennent aussi quelquefois pour le lieu où l'on passe.

II. *De la maniere de designer le lieu où sont les personnes par les Adverbes.*

Ceux qui parlent plus exactement, observent

diverses proprietez dans l'usage de ces adverbes, qu'il est bon de remarquer, quoy que les autres n'y soient pas toûjours si scrupuleux.

Toute cette subtilité n'est fondée que sur ce que les adverbes en *ì, quì, quoßì, lì,* estant propres au lieu de repos: & ceux en *à, quà, coßà, là,* ou *colà,* propres au mouvement, quand on veut marquer un lieu moins éloigné, on se sert de ceux en *ì :* & si l'on veut marquer un lieu plus éloigné, on se sert de ceux en *à,* en suivant toûjours la relation que ces adverbes ont aux premieres, secondes, & troisiémes personnes.

Ainsi, si la personne qu'on appelle est proche, il faut dire, *venite quì,* venez icy : parce que *quì* estant un adverbe de repos, cela ne se considere pas presque comme un changement de lieu. Mais si elle est loin, il faut dire, *venite quà,* venez icy.

Que si l'on veut remarquer le haut & le bas, on se sert toûjours des adverbes en *a,* parce que ce sont deux differences de lieu qui sont toûjours fort notables. Ainsi si l'on veut faire descendre une personne on dit, *venite quaggiù,* venez icy bas : & si on la veut faire monter, on dit, *venite quaßù,* venez icy-haut.

Si la personne dont on parle, & celle à qui on parle sont prés de nous, on dit, *questo quì ;* celuy cy: mais si celuy à qui on parle est bien loin de nous, & la personne dont on parle prés de nous, on dira, *questo quà,* celuy qui est icy.

Si la personne à qui on parle est prés de nous, & qu'on luy parle d'une personne qui soit plus prés de luy que de nous, on dira, *cotesto costì,* celuy-là : mais s'il est loin de nous, & la personne prés de luy, on dira, *cotesto costà.*

Si la personne à qui on parle est prés de nous, & que celle dont on parle ne soit pas au mesme lieu, mais pourtant en un autre peu éloigné, nous dirons, *colui là*, ou *quello lì*, celuy-là.

Mais si la personne à qui l'on parle estant prés, celle de qui l'on parle est loin de tous deux, on doit dire, *colui lì*, ou *quello là*, celuy-là.

Pour ce qui est du haut ou du bas : si la personne dont on parle est prés de nous, on dira, s'il est en bas, *questo quaggiù*, s'il est en haut, *questo quassù*.

Si la personne dont on parle est prés de celle à qui on parle, on dira estant en bas, *cotesto costaggiù*, & estant en haut, *cotesto costassù*.

Si la personne dont on parle est en un lieu different de celle qui parle & de celle à qui on parle, on dira, si elle est en bas, *colui laggiù*, si elle est en haut, *colui lassù*.

Le mesme se doit observer en leur parlant d'une chose. C'est à dire, *questa quì*, *questa quà*, cecy. *Cotesta costì*, *cotesta costà* ; *quella lì*, *quella là* ; *questa quaggiù*, *questa quassù* ; *cotesta costaggiù*, *cotesta costassù* ; *quella laggiù*, *quella lassù*.

CHAPITRE VII.

Des Prepositions.

LEs Grammairiens donnent tant de prepositions à la langue Italienne, que si nous les avions toutes ramassées, nous en trouverions plus de 80. Et ils sont si differens dans le regime qu'ils leur attribuent, qu'il ne s'en trouve pas deux, qui conviennent exactement ensemble sur ce sujet.

Pour examiner plus nettement ce point : nous considererons trois sortes de mots, qu'on peut appeller Prepositions.

Premierement, les trois particules qui déterminent les trois cas ; *De* ou *di*, pour le genitif :

a pour

à pour le datif : *da* pour l'ablatif.

2. Celles qui répondant aux prepofitions latines fe joignent immediatement au Nom , comme *per me* ; pour moy ; *con Pietro* ; avec Pierre. Ce que pour plus grande netteté j'appelleray toûjours Accufatif : parce que l'ablatif a une particule qui le détermine.

3. Celles qui ne fe joignent pas immediatement au nom , mais reçoivent entre deux une particule déterminative des cas ; foit avec l'article , ou fans l'article ; comme *infino à Roma* , jufqu'à Rome : *innanzi al giudice* , devant le juge. Ce qui ne repugne point à la nature des prepofitions.

Mais lors que devant un mot , on trouve déja une prepofition déterminative d'un cas; il y a grande apparence que ce mot n'eft pas une prepofition luy-mefme , mais un nom , quoy qu'ufité peut eftre feulement en un ou deux cas.

Ainfi , *all'incontro* , devant , à l'oppofite ; *à piè* ; au bas : *accauto, allato*; à cofte: *à fronte*, vis à vis en tefte: *appetto* , contre , au prix, en comparaifon : *de nafcofto*, en cachette, à l'infceu : & femblables ; ne font pas de veritables prepofitions: fi ce n'eft peut-eftre qu'on les vouluft prendre comme des compofez de deux mots qui n'en font plus qu'un. Et l'on doit dire la mefme chofe de *intorno* , au tour, à l'entour ; *perentro* par dedans , & femblables.

De plus, les Grammairiens mettent encore au nombre des Prepofitions divers mots qu font de purs adverbes ; comme , *eccetto* , excepté : *di qua*, deça , *di là*, delà , &c. De forte que le nombre des veritables prepofitions eft beaucoup moindre que l'on ne fe l'imagine.

Cela pofé , on peut remarquer quant au regime des prepofitions , qu'il y en a qui fe joignent à un cas feulement , d'autres à deux , & d'autres à trois. Et qu'entre celles qui fe joignent à un feul cas,il y en a qui se joignent immediatement au nom , que je suppose alors estre toûjours à l'accusatif, & d'autres qui ne s'y joignent que par l'entremise des particules qui déterminent les autres cas. Surquoy voicy ce que l'on estime le plus seur dans l'usage.

Celles-cy sont mieux avec

L'Accusatif seul.

Con , avec ; *giusta* , selon, suivant ; *in* ; en, dedans; *incirca* , environ ; *intra* , *infra* , ou *tra* , *fra* , entre; *lungo* , le long ; *per* , par, pour ; *rasente* , tout contre; *su* , sus, dessus ; *ver* , vers, devers.

L'Accusatif & le Genitif.

Appo , chez : *contra* ou *contro* , contre : *dopo* , ou *doppo* , auprés, depuis, dés : *senza* , sans : *sopra* , sur, dessus: *sotto* , sous ; *vorso* , *inverso* , vers, envers.

L'Accusatif & le Datif.

Dietro , derriere : *incontro* , contre , à l'encontre, au devant.

L'Accusatif, le Genitif, & le Datif.

Appresso , auprés ; *avanti* , *devanti* , *innanzi* , *dinanzi* . devant ; *entro* , & *dentro* , dans dedans ; *oltre* , *oltra* , outre.

Le Genitif seul

Fuoro , *fuor* , hors , dehors.

Le Genitif & Datif.

Circa , pour, touchant : *presso* , auprés, contre.

Les Genitif, Datif & Ablatif.

Sin , *fin* , jusques : *giu* , *giuso* , au bas.

Le Datif seul

Infino, *fino*, ou *infino*, *fino*, jufques : *rimpetto*, *dirimpetto*, vis-à-vis, devant.

L'Ablatif seul.

Longe, *lunge*, -*gi* : loin.

OBSERVATIONS

Sur quelques prepofitions particulieres.

Sur Con.

Au lieu de dire *con il*, ou *con lo*, ou *con la*, on dit *col*, ou *co'l* avant les confonnes ; & *coll* ou *con'l* devant une voyelle. *Con lo* fe dit devant ſ ſuivie d'une autre confonne.

Sur In.

Au lieu de *in lo*, *in la*, *in li*, *in le*, on dit *nel* ou *nelli*, & *nell* ; *nella* ; *nelli* ou *ne'* & *nelle*.

Sur Per.

Au lieu de *per lo*, on dit *pe* : & au lieu de *per i* ou *per li*, on dit *pe'*.

Sur les particules de, di, a, & da.

Outre l'ufage particulier de ces particules, qui eſt de fpecifier les cas ; comme nous avons dit : elles en ont encore un autre, qui eſt de fervir aux queſtions de lieu Et alors elles fe feparent de l'article quand il s'y rencontre.

Ainfi *De* & *di* fervent à marquer le terme de départ dans le mouvement, comme le *de* des Latins; comme *vengo di cafa*, je viens du logis : *terno de i paefi Settentrionali* ; je reviens des pays Septentrionaux.

Elles marquent auffi la matiere dont eſt faite quelque chofe, comme *far di marmo*, faire de marbre : *del marmo si fabricano*, se font du marbre : *de le frondi, e de i fiori si tessono*, se font d'un tissu de feüilles & de fleurs. Où l'on voit qu'encore que *de* se separe des articles, neanmoins on dit *del* au singulier masculin ; parce que *l* ne suffit pas seule pour faire l'article.

A & *ad* marquent le lieu où l'on va, venant de l'*ad* latin ; comme *andare à Roma, à l'orto*, aller à Rome, au jardin, *ad austro*, du costé du midy, &c.

Da marque aussi le lieu de départ ; *da Fiorensa*, de Florence ; *dalla Chiesa*, de l'Eglise. Elle marque aussi la personne chez qui on va, comme *io vengo da voi*, je m'en vais chez vous, *io voglio andar da Pietro*, je veux aller chez Pierre. Elle signifie encore l'intervalle du lieu ou du temps. *Da quell' ora, non ti ho mai veduto*, je ne vous ay point veu depuis cette heure-là. *Da casa tua à casa mia* : de vostre logis au mien. Et semblables.

TROISIE'ME PARTIE
DE LA
GRAMMAIRE
ITALIENNE,

COMPRENANT UNE BREVE instruction de la Poësie de cette langue.

Es vers Italiens faisant une des plus belles parties de la langue, cette Grammaire, ne seroit pas achevée, si nous n'en disions quelque chose.

On y peut considerer

1. *Les vers en particulier.*
2. *Les ouvrages en vers.*
3. *Les licences poëtiques.*

Mais dans les vers en particulier on peut encore considerer deux choses ; sçavoir le nombre des syllabes & la rime.

I iij

CHAPITRE PREMIER.

Des Vers en particulier.

ET PREMIEREMENT

Du nombre des syllabes.

LES vers Italiens, aussi bien que les François, ne consistent que dans le nombre des syllabes, & dans la rime : Et il y en a mesme sans rime, ce qui n'est pas en François

Des vers estant considerez selon le nombre des syllabes, peuvent estre distinguez en grands & petits.

Mais il faut faire icy une observation generale, qui est que la nature des vers Italiens, de quelque nombre de syllabes qu'ils soient, est d'avoir l'accent sur la penultiéme. Mais on en trouve quelquefois qui le font sur l'antepenultiéme, que l'on appelle *sdruccioli*, c'est à dire glissans, parce que leur cadence finale passe viste : & ces vers ont une syllabe de plus que l'espece ordinaire à laquelle on les rapporte. De sorte que si les vers ordinaires sont de onze syllabes, les *sdruccioli* seront de douze : si les ordinaires sont de huit syllabes, les *sdruccioli* seront de neuf, &c.

Et au contraire l'on en trouve aussi qui font leur accent sur la derniere, qui sont appellez *cadenti*, & ceux-cy ont une syllabe de moins que les vers ordinaires de la mesme espece. De sorte que si les vers ordinaires sont de onze syllabes, ceux là seront de dix ; si les ordinaires sont de huit syllabes, ceux-là seront de sept.

Des grands Vers.

La nature des grands Vers est d'estre composez

de onze syllabes, qui fait qu'on les appelle *endecasyl-labi*; qui sont les vers heroïques; comme

A cader va chi troppo in alto sale. Petr.

Mais selon l'observation précedente cette sorte de vers a ses *sdruccioli* de douze syllabes, qui ont l'accent sur l'antepenultiéme; comme

L'inuidia figliuol'mio se stesso mácera. Sannaz.

Et elle en a d'autres de dix syllabes, qui ont l'accent sur la derniere; comme

Di vizi abonda, chi virtù non hà' Lambert.

De l'Hemistiche des grands Vers, où l'on considere l'Accent & la Cesure.

Les grands vers Italiens aussi bien que les François se divisent en deux parties appellées, *Hemistiches*. Mais c'est à la premiere partie qu'on donne principalement ce nom.

Le lieu où se fait ce partage s'appelle Cesure, c'est à dire, division

Ce partage n'est pas toûjours égal dans les vers Italiens, comme il l'est dans les nostres; c'est à dire, que leur premier hemistiche ne contient pas toûjours mesme nombre de syllabes, comme le nostre.

Cette inégalité dépend de l'accent qui domine dans l'hemistiche. Car la cesure est toûjours à la fin du mot où se trouve cet accent.

Or cet accent se peut trouver en deux places differentes; sçavoir sur la quatriéme syllabe du vers, ou sur la sixiéme. Ce qui produit six sortes de cesures differentes.

Car lors que l'accent est sur la derniere syllabe du mot, la cesure est aussi à la quatriéme ou à la sixiéme syllabe du vers, comme l'accent.

I iiij

A la quatriéme, comme

Per fittion non crescere il ver nè scema.

A la sixiéme, comme

Non altro ch'un sospir breue è la morte, Petr.

Quand l'accent est à la penultiéme syllabe du mot, la cesure alors est à la cinquiéme ou à la septiéme syllabe du vers.

A la cinquiéme, comme

Che non s'acquista libertà per piangere. Petr.

Miser chi spéme in mortal cosa pone. Idem.

A la septiéme, comme

Che piaga antiveduta assai men duole. Petr.

Et ces deux dernieres cesures sont plus estimées.

Enfin lors que l'accent est à l'antepenultiéme syllabe du mot, la cesure est à la sixiéme ou à la huitiéme syllabe du vers.

A la sixiéme, comme

Ben ricordàn, dysi de l'alta ingiuria. Petr.

A la huitiéme, comme

Di pensieri, di lagrime, & d'inchiostro. Petr.

Mais ces deux dernieres cesures sont plus rares. Et celle qui se fait icy sur la sixiéme syllable du vers, lors que l'accent est sur la quatriéme, doit estre distinguée de celle qui est aussi sur la sixiéme, lors que l'accent se trouve sur cette mesme sixiéme syllabe, parce que la prononciation en est differente, & que les Italiens ne considerent la cesure que par le repos de l'accent. Car au lieu que la cesure est riche à cette sixiéme syllabe, où se trouve aussi l'accent ; au contraire elle y est moins belle, & rend le vers lan-

guiſſant lors que l'accent n'eſt que ſur l'antepenultiéme du mot, & à la quatriéme ſyllabe du vers.

Il faut auſſi remarquer que les Italiens ne finiſſent
pas toûjours leur ſens à la fin du vers : mais anticipent
quelquefois ſur l'autre, comme en Latin.

> *Dio meſſagier mi manda : io ti rivelo*
> *La ſua mente in ſuo nome : o quanta ſpeme*
> *Haver d'alta vittoria , o quanto zelo !* Taſſ.

Des petits Vers.

Les petits vers ſont comme en François ceux qui
ſont compoſez de huit ſyllabes.

> *Vederete un cavaliero*
> *Dato in preda à nuovo amore*
> *Gia ſcordato del primiero*
> *Prezzarpoco il proprio honore ,* &c. Gher.

Ou de ſept, comme

> *Concorron d'ogn' intorno*
> *Augei canori e bianchi ,*
> *Quei che l'Atheſi ameno*
> *Addolciſcon col canto ,*
> *Quei che del Mincio altero*
> *Inteneriſcon l'aure ,* &c. Marino.

Ou de ſix, comme

> *Leone tremendo*
> *Sbranò combattendo*
> *La tigre crudele*
> *Cinghiale temuto*
> *Diſteſe abbattuto*
> *Il cane fedele ,* &c. Cicognini.

Ou de cinq comme

> *Silenzio o Fauni*
> *Tacite o Nimfe,*
> *Non percotete*
> *Il ſuol col piede,*
> *Ne interrompete*
> *L'alta quiete*
> *Di queſta Dea, &c.* Marino.

Ou en *ſdruccioli*, qui font ſix ſyllabes.

> *Limpidi riuoli,*
> *Fertili paſcoli,*
> *Fraſſini e platani,*
> *Roueri e ſalici,*
> *Hedere e pampini*
> *Satiri e Driadi, &c.* Marino.

Ou de quatre, en *ſdruccioli*.

> *Poi che vogliono*
> *Stelle perfide*
> *Ch' in perpetuo*
> *Reſti vedouo*
> *D'ogni giubilo*
> *State pregoui.*
> *Teſtimonii*
> *De l'eſſequie*
> *Ch' hoggi celebro, &c.* Marino.

A V I S.

Pour meſurer ces vers Italiens.

Avant que paſſer outte, il eſt bon de remarquer

icy cinq ou six choses, sans lesquelles les personnes qui ne sont pas assez versées dans la langue Italienne, auroient peine à en mesurer les vers.

1. Toutes les fois qu'un mot finit par une voyelle, & que le mot suivant commence aussi par une voyelle, cela se mange comme en Latin, & ne fait qu'une syllabe; comme

Molto egli oprò col senno, e con la máno,
Disse ella, è giusto, essere à me conviene
Se fui sola à l'honor, sola à le pene. Tass.

2. Ils mangent aussi quelquefois la finale d'un mot, lors mesme que le mot suivant commence par une consonne. Voicy un exemple de l'une & de l'autre façon dans un vers de Petrarque, qui est pour cela mesme fort estimé.

Fior', frond', herb', antr', ond', autre
soani,

pour *fiori, frondi, & herbe,* &c.

3. Il y a souvent plusieurs voyelles, qui ne font toutes ensemble qu'une syllabe, soit dans un mesme mot, soit en mots differens, comme

Disse e ai venti spiegò le vale e andonne
Oue il destino, &c. Tasso.

Car pour mesurer ces vers, il faut considerer que l'*e* final de *disse,* & les trois autres voyelles qui le suivent, ne font qu'une syllabe : que l'*i* & l'*e* dans *spiegò* n'en font encore qu'une, non plus que la derniere de *vele* avec l'*e* & l'*a* qui la suiuent : de sorte qu'il faut ainsi mesurer ce vers.

Dis- ,| se e ai | ven- | ti | spie- | gò | le | ve | le e an | ion | ne.

4. Mais de mesme que les Latins omettent quelquefois la synalephe, Comme dans Virgile

Ter sunt conati imponere Pelio Ossam.

De mesme les Italiens se donnent la licence de ne pas manger quelquefois quelques voyelles, comme dans Petrarque.

Che è questo però, che si s'opprezza.

Où l'on voit que *che è* sont deux syllabes.

5. Quoy que les diphthongues, c'est à dire, les voyelles qui sont en mesme syllabe dans un mot, s'unissent toûjours dans la suite du vers ; neanmoins à la fin elles se divisent, comme

Ed io del mio dolor ministro fui. Petr.

Où l'on voit que *io* & *mio* ne font qu'une syllabe chacun : au lieu que *fui* en fait deux, parce qu'il est à la fin. Et au contraire dans le vers suivant du mesme Auteur ; *fui* ne fait qu'une syllabe, parce qu'il est dans la suite du vers.

Favola fui gran tempo onde sovente. Petr.

L'on peut remarquer la mesme difference en *mia* dans les deux suivans

L'Alma tra l'una & l'altra gloria mia. Petr.
E diè le chiavi à quella mia nemica. Id.

De mesme en *homai* dans les suivans.

Se si rimembra il tempo passa homai. Petr.
Piacciavi homai di questo haver mercede. Id.

Ce dernier se doit mesurer ainsi.

Piac-⌐cia-⌐ui ho-⌐mai⌐di ⌐ques-⌐to hal ver⌐mer-⌐ce-⌐de.⌐
Ce qui suffit pour nous servir d'exemples.

6. Les mots qui sont pris du Latin se prononcent d'ordinaire avec toutes leurs syllabes, comme en Latin ; comme *opinione, condizione, religione,* & semblables.

blables, qui font toûjours de cinq voyelles dans Taſſe & dans les meilleurs Poëtes : quoy que quelques-uns y faſſent la contraction de l'*io* en une ſeule ſyllabe.

Armonia eſt ordinairement de trois ſyllabes, & *armonioſo* de cinq.

CHAPITRE II.

De la Rime.

TOUTES les rimes Italiennes ſont maſculines, parce qu'elles n'ont point d'*e* muet comme nous. Elles finiſſent auſſi toutes par des voyelles, parce que tous les mots de la langue finiſſent par une voyelle, excepté ceux qui ſouffrent quelque apocope ou retranchement final, dont on ne ſe ſert jamais à la fin des vers.

De là vient que pour mettre quelque difference dans leurs rimes, qui autrement ſeroient trop ſemblables, ils ne ſe contentent pas de la derniere ſyllabe, mais ils prennent la rime depuis la voyelle de la penultiéme. Ainſi *Capitano* ne rime pas à *ſono*, mais à *mano* ; *Chriſto* ne rime pas à *leſto*, mais à *acquiſto*, à *miſto*, &c.

Du mélange des rimes.

La Poëſie Italienne differe en deux choſes de la Françoiſe touchant le mélange des rimes.

La premiere eſt que nous n'avons que trois rimes differentes de ſuite, qui n'ayent point eſté precedées par des rimes ſemblables ; & qu'abſolument meſme, il n'y en a jamais trois differentes de ſuite dans une meſme ſtance : mais en Italien cela eſt fort ordinaire, comme on verra dans les exemples que nous rapporterons cy-aprés.

K

La seconde chose, est que les Italiens n'ont jamais plusieurs rimes consecutives de deux en deux, comme nous en avons dans nos vers heroïques, & nos Comedies. Mais quand ils ont mis deux rimes de suite, ils entre-meslent les autres, comme nous faisons dans nos stances.

Ce qui fait plusieurs mélanges dont nous parlerons dans le Chapitre suivant, des ouvrages en vers.

CHAPITRE III.

Des ouvrages en Vers.

I. Des ouvrages en vers heroïques, & de leurs differens changemens.

DE L'OCTAVE.

L'OCTAVE est une stance de huit vers ; & c'est de ces stances qu'ils composent tous les poëmes.

Les rimes y sont arangées de cette sorte.

Le premier vers rime avec le troisiéme & le cinquiéme : le second avec le quatre & le six : & le septiéme avec le huitiéme.

Chiama gli habitator de l'ombre eterne
Il rauco suon de la tartarea tromba :
Treman le spaziose atre caverne
E l'aer cieco à quel rumor rimbomba ;
Ne si strindendo mai da le superne
Regioni del Cielo il folgor piomba.
Ne si scossa giammai trema la terra
Quando i vapori in sen gravida serra. Tass.

Des Stances de six vers appellées Seftine.

Ils ont auſſi une autre ſorte de ſtances compoſées de ſix vers, dont le 1. rime avec le 3. & le 2. avec le 4. Et les deux derniers enſemble ; comme

Diue che'l ſacro & honorato fonte
Doue gloria ſi beue in guardia hauete,
Dal voſtro ombroſo e ſolitario monte
Vn Tempio meco à fabricar ſcendete,
Vn Tempio on' immortal poſcia s'adori
Queſta donna de' Galli, e dea de' cori. Mar.

Des Stances de trois vers appellées Terzetti,
ou Terza. Rima.

On diſpoſe encore les vers heroïques en une autre maniere, qui eſt appellée *Terza-rima*. On met trois vers à chaque ſtance, dont le premier & le troiſiéme riment enſemble ; & le ſecond rime avec le premier & le troiſiéme de la ſeconde ſtance : & le ſecond de la ſeconde ſtance avec le premier & le troiſiéme de la troiſiéme ſtance ; & ainſi juſqu'à la fin d'un chant ou d'un Chapitre, qui par neceſſité doit finir par une ſtance de quatre vers ; afin qu'il n'y ait point de vers qui n'en ait un autre avec lequel il puiſſe rimer.

Le Poëme de Dante, & tous les Triomphes de Petrarque ſont de cette ſorte de vers, & l'on en compoſe auſſi les Satyres, & les deſcriptions d'un voyage, d'une bataille, de quelque accident, ou choſe ſemblable, qu'on appelle *Capitoli*.

Petrarque dans le Triomphe du Temps.

E vidi' l Tempo rimenar tal prede
De voſtri nomi, ch'i gli hebbi per nulla

Benche la gento ciò nè sa, ne crede ;
Cieca che sempre al vento si trastulla,
E pur di false openion si pasce,
Lodando piu'l morir vecchio che'n culla ;
Quanti son già felici morti in fasce ;
Quanti miseri in ultima vecchiezza ?
Alcun dice, beato è chi non nasce, &c.

On fait aussi des eglogues en *terza-rima* de vers *sdruccioli*, comme est l'Arcadie de Sannazar.

O pura fede ; ô dolce vsanza vetera,
Hor conosco ben io ch'il mondo instabile
Tanto peggiori più, quanto piu' anvetera, &c.

Des Quadrins, appellez Quaternarii, *ou* quarta rima.

Une quatiéme maniere d'arranger les vers hetoï-ques, est celle qu'ils appellent *quarta-rima*, qui sont des quadrins de quatre vers, dont le premier rime avec le quatriéme, & le second avec le troisiéme.

On se sert de cette sorte de vers pour les élegies, & les expressions des passions.

En voicy un exemple fait sur le Colisée de Rome.

Sassi che hor quà tra le roine & l'herbe
Date ricouro à vn disperato errante,
O quante volte entro le carte e quante
Vi lessi & vi ammirai moli superbe !
Hor à terra giacete che à le stelle
Erger pria solevate il capo altero,
Onde dubbio e confuso entro il pensiero
Creder non posso ancor che siate quelle.
E pur quelle voi siete ; ahi lasso e come
Siete dal' prim' honor tutte cadute

Che famose gia un tempo hor sconosciute,
Non serbate di voi altro che'l nome ?

Ou bien de ceux dont le premier rime avec le troisiéme, & le second avec le quatriéme ; mais ce n'est
que par quelque bizarrerie des Poëtes ; comme en
ces vers composez de mots qui ont tous l'accent
sur la derniere.

Vanità qui non c'è per chi non sà ,
S'alcun v'è che sia qui fattò così
Gir s'en può che fara gran carità
A chi sa che manc' ha da star in piè
Gravità qui ce n'è quanta mai fu
A l'andar chi non sa per noi non fà ,
A l'humor de l'autor piace assai più
Vn fiò fiò vn chime d'vn huom' che sà.
C'hvn o ben d'vn guidon d'vn turluru , &c.

DU SONNET.

Le Sonnet est semblable au nostre quant aux 8.
premiers vers , qui sont disposez en deux façons differentes. L'une plus ordinaire , qui est que le 1. rime
avec le 4. le 5. & le 8.

L'autre moins ordinaire , où le 1. rime avec le 3.
le 5. & le 7. & le 2. avec le 4. le 6. & le 8.

Mais pour les six derniers, il y a de deux sortes
d'arrangemens , tous deux differens de ce que nous
observons.

L'un est de faire les trois premiers vers du dernier sizain de trois differentes rimes , & les trois
derniers répondant en ces trois rimes en quel ordre
on veut , comme dans Petraque.

S'amor non è , che dunque è quel ch'i sento ?
Ma s'egli è amor , perdio che cosa , e quale ?

Se buona, unde' l'effetto aspro mortale?
Se ria, onde si dolce ogni termento?
S'a mia voglia ardo, ond' e il pianto, e il lamento?
S'a mal mio grado, il lamentar che vale?
O viua morte, ô diletoso male
Come puoi tanto in me s' io nol consento?
E s' io l' consento a gran torto mi doglio,
Fra si contrari venti, in fragil barca,
Mi trouo in alto mar senza gouerno.
Si lieue di saver, d'error si carca
Ch'i medesmo non so quel ch'i mi voglio;
E tremo à meza state, ardendo il verno.

L'autre arrangement des six derniers vers du sonnet, est rimer le premier avec le troisiéme & le 5. & le 2. avec le 4. & le 6. comme

Sur une comparaison faite sur la Jerusalem du Tasse, effigiée en histoire par un excellent Pointre.

Mouon qui due gran fabri, Arte con arte
Emule a lete oue l'vn l'altro agguaglia,
Si che di lor quale perda, ô qual piu vaglia
Pende incerto il giudicio in doppia parte.
L'vn cantando d'Amor l'armi e di Marte.
Lorecchie appaga, e gl' intelletti abbaglia;
L'altro mentre del canto i sensi intaglia
Sa schernir gli oecbi, e fa spirar le carte.
Scerner non ben si può qual piu vinace
Esprima, imprima illustri forme e belle,
O la muta pittura, ô la loquace.
Intento à queste merauiglie e quelle

Dubbiofe arbitro il mondo, ammira e tace
Là le glorie d'Apollo, e qui d'Apelle. Mar.

II. *Des ouvrages meſlez de grands & de petits vers.*

Ces ouvrages ſe peuvent rapporter à nos ſtances, où l'on meſle ſouvent de grands & de petits
vers, c'eſt pourquoy cela ſe peut varier preſqu'à
l'infiny.

Les plus ordinaires ſont les ſtances de douze vers
qui ſont ſouvent compoſées de deux ſortes de vers
de onze & de ſept ſyllabes, comme

Sempre inhumano il caſo
Ruota le coſe humane,
E celato ne laſſa il quando e'l come.
Dal deſio perſuaſo
Crede l'hoggi al dimane,
Ma del gioir non troua altro che'l nome.
Che da fonte ineſauſta
Con immutabil' ſerie
Deriuan le miſerie
E gli infortunii trae fortuna Infauſta.
S'una cura dormì, l'altra fù deteſta,
E da tempeſta uſcì nuoua tempeſta.

Les Stances de ſept, huit, & onze vers, ſont encore fort belles, comme.

Senſi voi ciò che godete
Il ſincere ha per natura :
Occhi miei quanto vedete
Con tacite rapine il tempo fura.
E non piango, e non tremo; e non m'attriſto
S'ogni mondano acquiſto,

K iiij

S' ogni cosa che fù

Si cagia in polve, e mai non torna più. Sal. R.

Et ainsi de plusieurs autres façons presqu'à l'in-
fini.

D U   M A D R I G A L.

Le Madrigal revient à l'Epigramme Latine, &
n'est proprement qu'une espece de vers qui consiste
en une stance composée de toute sorte de vers, en
tel nombre & en tel ordre qu'il plaist à l'Auteur.

Sur l'image d'un Crucifix faite par Jacques Palma
Peintre renommé.

Pietoso quanto accorto
Fosti, o d'Adria felice illustre ingegno;
Qando nel crudo legno
Festi esangue e non viva la figura
Del Rè de la natura;
Che se vivo il facevi, il tuo colore
Dato li hauria col senso anco'l dolore
Pur tale è la pittura.
Che per nostro conforto
Spireria, parleria, se non ch'è morto. Mariti.

Autre de moindre nombre de vers.

Sur l'image de saint Paul, faite par Titien.

Sembrò già morto al mondo
Questi mentre dal Ciel visse lontano;
Hor di color sì vago e sì facondo.
L'adorna illustre mano,
Che chi vedesse insieme il vero e'l finto
Diria l'imagin viva, e lui dipinto.

Des vers sans rimes, appellez Sciolti, c'est à dire, déliez.

Comme les Italiens ont conservé beaucoup de choses en toute leur langue, de la latine; il semble qu'ils en ayent aussi retenu cette sorte de vers. L'ouvrage le plus celebre en ces sortes de vers est l'excellente traduction de l'Eneïde de Virgile par Annibal Caro. Elle est de vers de suite comme Virgile mesme, n'y pouvant pas avoir de diversité de stance, ce qui dépend de la rime.

Le corps de l'ouvrage est de vers heroïques de onze syllabes, comme ceux cy.

> *Et già, la Dio mercè, lasciano i Peni*
> *La lor fierezza : Et la Regina in prima*
> *Simbeve d'uno affetto, & d'una mente*
> *Verso i Trojani affabile, & benigna.*

Mais il y mesle quelquefois des vers de douze syllabes, appellez *sdruccioli*, principalement quand il fait parler les Dieux comme dans la réponse de la Sibylle au 6.

> *Verranno i Teucri al regno di Lavinio,*
> *Di ciò t'affido. Ma bentosto desserui*
> *Si pentiranno. Guerre, guerre horribili*
> *Sorger ne veggio, & pièn di sangue il Tevere.*

Il y mesle aussi des vers de dix syllabes, qui finissent par l'accent; comme quand il represente la mort du bœuf qu'Entelle tua.

> *Si scosse, barcollò, morto cadè.*

de mesme que Virgile avoit mis.

exanimisque tremens procumbit humi bos.

En quoy il exprime merveilleusement bien toutes

les beautez & les graces du plus excellent des Poëtes
Latins.

Il y a auſſi des vers heroïques qui ſont *ſciotli* à la
fins du vers, mais où la fin du vers precedent rime
avéc le milieu du vers ſuivant, & ainſi de ſuite, comme dans Sannazare.

Menādo vn giorno gli agni preſſor un fiume,
Vidi vn bel lume *in mezo di quell'* onde
Che con due bionde *trece allor mi* ſtrinſe,
E mi dipinſe *vn volto in mezo'l* core,
Che di colore *avanza late e* roſe,
Poi ſi naſcoſe *in modo dentro à* l'alma
Che d'altra ſalma *non m'aggraua il peſo,* &c.

On fait encore pluſieurs compoſitions de toutes
ſortes de vers ſans rime ou avec rime; comme ſont
le *Paſtor fido*, l'Aminte du Taſſe; & autres en divers
Auteurs; comme dans Marin.

Era l'anno creſcente
Giunto à l'età virile
Quăto il giorno à la notte Aſtrea parrèggia,
Ed à lo Dio ridente
Il voto giouenile.
Di piu lieto color ſparſo roſſeggia.
A le piante verdeggia.
La già pur dianzi inaridita chioma,
E'l ſol comincia à maturar le poma.
L'auerſaria del giorno
D'Abiſſo oſcura figlia
Del ſilenzio e del ſonno humida madre, &c.

CHAPITRE IV.

Des Licences poëtiques.

LEs Poëtes Italiens se donnent bien plus de liberté que les François qui n'en ont presque point
dans nos vers. Car les Italiens non seulement peuvent étendre les diphthongues en divisant les deux
voyelles ; faire contraction de plusieurs voyelles qui
se suivent en divers mots; pratiquer ou omettre la
synalephe; comme nous avons veu cy-dessus chap. 1.
pag. 107.

Mais ils peuvent encore pratiquer toutes les figures des mots, dont nous avons parlé cy-dessus 1. part.
chapitre 10. Et le faire, non seulement dans les mots
qui sont aussi en usage dans la prose ; comme *potea*
pour *poteva*, il pouvoit ; *vò*, pour *voglio*, je veux;
opre, pour *opere*, œuvre, & semblables : mais encore
en beaucoup d'autres qui leur sont particuliers, &
où ils changent mesme l'orthographe, comme *Pren-
zo*, pour *principe*, prince ; *domino*, pour *dominio*, do-
maine ; *sui*, pour *suoi*, siens ; *lettre* pour *lettere*, lettres; *disnor*, pour *disonore*, des-honneur ; *fue*, pour *fu*,
il fut; *feo*, pour *fe*, il fit ; *poteo*, pour *pote*, il pût ; *com'-
può*, pour *come può*, comme il peut ; *u*, pour *oue*, où;
dielti, pour *diedeloti*, il vous le donna ; *mostrarsi*, pour
mostraronsi, ils se monstrerent ; *pro* pour *pronto*, comme dans Tasse,

> *Potente di consiglio e pro di mano.*

Et ainsi des autres.

Ils écrivent de mesme *condutti*, pour *condotti*,
amenez ; *nui*, pour *noi*, nous ; *ferute*, pour *feri-
te*, blessures ; *foro*, pour *furo*, furent ; *valca*,

pour _varca_, il passe; _spene_, pour _speme_, esperance.

Mais il faut encore adjoûter à cela, qu'ils ont mesme beaucoup de mots qui ne sont pas de ceux dont on use en prose, & beaucoup de phrases qui leur sont toutes particulieres. De sorte que l'on pourroit dire d'eux ce que l'on dit des Grecs, que leur poësie fait presque une langue toute differente de l'ordinaire.